Kurt Grobecker

LOUIS C. JACOB

Kurt Grobecker

LOUIS C. JACOB

Zwei Jahrhunderte
Restaurant-
und Hotel-Geschichte

Kabel

Bildnachweis

Folgende Fotografen, Sammler und Institutionen haben für diese Chronik Bildmaterial zur Verfügung gestellt:
Dorothee Alsen (Seiten 32, 95, 102), Altonaer Museum, Hamburg (Seiten 10, 39), Archiv Louis C. Jacob (Seiten 13, 19, 25, 29, 35, 47, 51, 61, 73, 79, 82, 85, 93, 101, 114, 134, 135, 138), Uwe Aufderheide (Seiten 41, 43, 44, 45, 132, 133, 136, 137, 142), Gert von Bassewitz (Seiten 65, 139), Kurt Grobecker (Seiten 69, 74), Hamburger Kunsthalle, Foto: Elke Walford (Seite 81), Christa Kujath (Seite 127), Dieter Lüttgen (Seite 123), Bella Meyer (Seite 125), Marco Moog (Seite 141), Claus Olde (Seite 99), Ingo Röhrbein (Seiten 77, 129, 131), Renate Rump (Seite 97), Jan Schröter (Seite 90), Axel Springer Verlag (Seite 115), Staatsarchiv Hamburg (Seite 23), Horst Werner Wendt (Seite 107)

© 1996, Ernst Kabel Verlag GmbH, Hamburg
Gestaltung: Peter Albers / Detlef Lerch
Satz und Repro: KCS GmbH, Buchholz / Hamburg
Druck und Bindung: Westermann Druck Zwickau GmbH
ISBN 3-8225-0393-2

Inhalt

Mit guten Geistern auf einen guten Weg

Eine frische Brise wehte aus südwestlicher Richtung über die Elbe herüber. Die weiße Wolkendecke riß von Zeit zu Zeit auf und ließ ein Stück des blauen Himmels hindurchscheinen, der sich in den vorangegangenen Juni-Tagen 1993 rar gemacht hatte.

Der Wettergott tat sein bestes, um dem Ereignis einen würdigen Rahmen zu geben, was für hamburgische Verhältnisse nach einem regnerischen Frühling schon auf bemerkenswertes Wohlwollen schließen läßt.

Die übrigen Götter, auf deren Hilfe der Bauherr alter Überlieferung zufolge angewiesen ist, ebenfalls positiv einzustimmen, blieb Wera Rahe vorbehalten. Als Gesellschafterin von Louis C. Jacob vollzog sie das Ritual der Grundsteinlegung und wurde damit so etwas wie eine Taufpatin für das spektakuläre Bauprojekt auf dem Elbhang.

Rund vierhundert Gäste waren in die Baugrube hinabgestiegen, um dabeizusein, als die glänzende Kupferkassette mit ihrem symbolträchtigen Inhalt in den Grundstein eingemauert wurde. Die Glückwünsche für den Bau, bekräftigt durch die traditionellen drei Hammerschläge, drückten alle Hoffnungen aus, die das »Jacob« bei seinem Start in eine neue Zukunft begleiteten:

»Ich wünsche diesem Haus, daß es nicht nur im Elbhang, sondern auch im Bewußtsein der Hamburger und ganz besonders der Nienstedtener Nachbarn fest verankert sein möge.Ich wünsche diesem Haus ferner, daß die Menschen, die sich ihm als Gäste anvertrauen, hier zufriedene, erfüllte und glückliche Stunden genießen werden.

Und schließlich wünsche ich uns allen, daß der große Glanz der Vergangenheit, der sich mit dem Namen »Jacob« verbindet, wiederaufleben möge. Zum Wohl unserer Stadt und zum Wohl der Menschen, die hier arbeiten werden.«

Um den Hoffnungen auch in den oberen Chefetagen heidnischer Götter gebührenden Nachdruck zu verleihen, waren zuvor einige Gegenstände in die Kupferkassette eingelötet worden. Solche Grundsteinbeigaben, so die Lübecker Archäologin Gabriele Legant-Karau, sind ein uraltes und bei vielen Völkern verbreitetes Ritual. Es beruht auf einem mystischen Weltbild. Zum einen sollen die Opfergaben den in seinem Machtbereich durch Neubau gestörten Genius Loci günstig stimmen, zum anderen glaubte man, daß bestimmte Gegenstände magische Kräfte entfalten, die sich auf das Bauwerk positiv auswirken.

Auch wenn christliche Bräuche solche mystischen Beschwörungen überlagert und in die Welt des Aberglaubens verwiesen haben – wer wollte einem Bauherrn, der ein wirtschaftliches Risiko auf sich zu nehmen bereit ist, nicht bei allem nüchternen Kalkül auch das Recht auf ein wenig Aberglauben zubilligen?

So wurden denn in die Grundsteinkassette des Hotels und Restaurants Louis C. Jacob neben einigen zeitgeschichtlichen Dokumenten und einer Sammlung nationaler und internationaler Münzen, die den Wunsch nach wirtschaftlichem Erfolg und weltweiter Anerkennung des Hauses unterstreichen, auch Gegenstände mit jahrtausende-altem Symbolcharakter beigefügt: Ein präpariertes Ei, das für Leben und Fruchtbarkeit des an dieser Stelle begründeten Werks steht; ein über 800 Jahre altes Stück Eichenholz, das Festigkeit und Bestand des Bauwerks kennzeichnet, und schließlich ein Bergkristall als Sinnbild für positive, klare und reine Gedanken – nicht nur der Hauseigentümer und ihrer Mitarbeiter, sondern auch der Menschen, die sich hier in das Gästebuch eintragen werden.

Man hätte 1993 auch noch mit einem Anflug von Sarkasmus hinzufügen können, die Klarheit des Bergkristalls solle auch die Gedanken jener zu läutern helfen, die der Renaissance einer der liebenswertesten Hamburgensien und ihrer Erweiterung zu einem wirtschaftlich tragfähigen Unternehmen einen nur sehr schwer nachvollziehbaren Widerstand entgegengesetzt haben.

Horst Rahe hob anläßlich der Grundsteinlegung im Namen der neuen Eigentümerfamilie hervor, es scheine der Geist unserer Zeit zu sein, private und unternehmerische Initiative zum Stillstand zu bringen; denn Mißgunst und Egoismus seien in dieser Gesellschaft dominierende Eigenschaften, die Verantwortungsbereitschaft und das Bekenntnis zum unternehmerischen Risiko verteufelten. Wörtlich sagte er:

»Hätten unsere Vorfahren ebenso gedacht und gehandelt wie heute viele Menschen aus Gründen, die weder der Sache noch dem Interesse derer entsprechen, für die die Handelnden zu agieren meinen, dann gäbe es heute mit Sicherheit nicht die ›Hamburgensie Jacob‹, sondern nur den bewaldeten Elbhang ohne jede Attraktion und ohne Arbeitsplätze.«

Die »Stimmen der Mißgunst« und die »schrille Begleitmusik«, die der zuständige Bezirksamtsleiter im Zusammenhang mit dem Streit um die Lindenterrasse zu bemängeln hatte, sind verstummt. Es scheint, als hätte der Bergkristall seinen Teil der ihm innewohnenden Zauberkraft schon erfüllt!

Wer wollte angesichts dieser Tatsache daran zweifeln, daß die anderen den Göttern gebrachten Opfergaben sich ihrer Aufgabe entziehen werden?

Die große Vergangenheit des Hauses Jacob durch alle Anstrengungen der Gegenwart in eine sichere Zukunft zu führen, verdient Respekt. Nicht nur den der Zeitgenossen, sondern auch den der Götter. Allen voran der gewichtigen Stadtgöttin Hammonia. Denn ihre Krone wurde durch das Hotel und Restaurant Louis C. Jacob um eine glänzende Perle reicher.

Kurt Grobecker

Spekulationsobjekt im Dreißigjährigen Krieg

1791, das Jahr, das den Beginn einer bemerkenswerten Dynastie erfolgreicher Gastronomen bezeichnet, ist ein Markstein in der Geschichte des Anwesens an der heutigen Elbchaussee 401. Aber es ist nicht sein historischer Ursprung.

Wie jede Geschichte, so hat auch die des »Jacob« ihre Vorgeschichte, der nachzuspüren insofern lohnt, als sie offenbart, wie sehr Daniel Louis Jacob das Haus und den dazugehörigen Hof aus einer schnellwechselnden Besitzerfolge in das ruhige Fahrwasser einer wohltuenden Kontinuität geführt hat.

Die Gründe, die den ursprünglichen Kätnerhof seit der Mitte des 17. Jahrhunderts auffällig oft den Eigentümer wechseln ließen, scheinen nicht nur durch familiäre Entwicklungen bedingt gewesen zu sein. Immer wieder scheinen auch spekulative Überlegungen der Anlaß dafür gewesen zu sein, daß sich ein Erwerber relativ schnell wieder von seinem Besitz trennte.

Der Bauer Heinrich Lüdemann, gebürtiger Nienstedtener und dort auch 1665 verstorben, hatte schon während des Dreißigjährigen Krieges den Hof verkauft, ohne sich auch schon von seinem Haus zu trennen. Dies geschah erst im letzten Kriegsjahr 1648.

Neuer Eigentümer wurde der Nienstedtener Pastor Tobias Fabricius, der seinen schönen Namen Schmidt nicht nur latinisiert, sondern ihm zur Unterscheidung von nachfolgenden Familiengenerationen eine römische I hinzugefügt hatte. Denn auch sein Sohn, der den Hof erbte, und weitere Nachkommen wurden auf den Rufnamen Tobias getauft. Dieser Familie gelang die Sicherung des Besitzes über einen längeren Zeitraum. Erst Tobias Fabricius III., dem der Hof zugefallen war, hatte irgendwann zu Beginn des 18. Jahrhunderts Konkurs anmelden müssen.

Über eine Familie Bonard, die den Hof aus der Konkursmasse der Kirchenleute übernommen hatte, wurde der Witwer einer Bonard-Tochter neuer Eigentümer: Ein gewisser Joachim Jorcken, promovierter Jurist und Syndikus in der Hansestadt Rostock, gab seine Erbschaft 1722 zu Protokoll und verkaufte noch in demselben Jahr an einen Otto Philipp Hülle (Hull), der das Anwesen kurz darauf an Johann Brandorf weitergab. Brandorf war zwei Jahre zuvor zum Pastor von Nienstedten berufen worden. Aber auch er trennte sich schon 1726 wieder von dem Hof. Neue Eigentümer wurden innerhalb der folgenden zwölf Jahre ein Generalmajor Magnus Ernst v. Prehn, ein Kapitän (Hauptmann) Tilly und ein Leutnant Hermann Nottelmann, der als Fährverwalter über ein gesichertes Einkommen verfügte.

Sein Nachfolger als »Hausherr« wurde wiederum eine Militärperson: ein Major Rabe Levin v. Behr. Bei ihm handelte es sich offenkundig um einen Mann ohne familiären Anhang; denn er vererbte den Hof 1741 an seine Haushälterin Maria Elisabeth Campfen und deren Tochter Maria. Noch an demselben Tag, an dem ihnen die Erbschaft überschrieben wurde, verkauften die Damen an einen Isaak Lenz. Als der 1749 in Holland starb, wurde seine Mutter Anna Magdalene Schmidt Erbin des Anwesens und behielt es immerhin

Panorama von Nienstedten. Lithographie von Wilhelm Heuer, 1874

16 Jahre. Was angesichts der schnellen Besitzerfolge ein beachtlicher Zeitraum war.

Erst als sich die Anna Magdalene Schmidt im August 1765 entschloß, sich von ihrem Eigentum zu trennen, kündigte sich jener Abschnitt der Geschichte an, der in nicht allzu ferner Zukunft zu einem der bestrenommierten kulinarischen Tempeln vor den Toren Hamburgs führen sollte: Für die stolze Summe von 3000 Mark erwarb Margaretha Catharina Burmester (in einigen Dokumenten auch Buhrmester geschrieben), die Witwe eines Hamburger Bürgers und Zuckerbäckers, den Hof. Ihr Sohn war Nicolaus Paridom Burmester, der – obwohl schlicht als »Gastwirt« ausgewiesen – in die beruflichen Fußstapfen seines Vaters getreten war und sich bestens auf die Zubereitung erlesener Patisserien verstand.

Der 1757 geborene Nicolaus Paridom Burmester übernahm den Hof 1780 und führte von hier aus seine weithin bekannte und überaus erfolgreiche Zuckerbäckerei, die er in eine »bessere Wirthschaft« umwandelte.

Drei Jahre zuvor hatte er die Jungfrau Maria Elisabeth Onnes geheiratet, die bildhübsche Tochter eines Schiffskapitäns vom Hamburger Berg, der damals noch nicht St. Pauli hieß.

Nicolaus Paridom und Maria Elisabeth hatten insgesamt sechs Kinder, gleichmäßig aufgeteilt in Jungen und Mädchen: Immanuel, Mac, Elisabeth, Antoinetta Margaretha, Otto Nicolaus und Johanna Batsebe. Wie hoch das gesellschaftliche Ansehen der Burmesters gewesen sein muß, beweisen die vornehmen Persönlichkeiten, die bei der Taufe des ersten Sohnes Immanuel 1778 »gevattergestanden«, also die Patenschaft übernommen hatten: der englische Minister-Resident in Hamburg, Madame Louise Maria Sillem und Hieronymus Matthießen aus Altona.

Alles hätte für die Burmesters seinen harmonischen und ganz unspektakulären Fortgang nehmen können, hätte nicht der Nicolaus Paridom außer der Leidenschaft für seine hübsche junge Frau noch eine andere und offenkundig gefährlichere Leidenschaft gepflegt: das Abschießen von Böllern, um auf diese Weise vom Elbhang herunter aufkommende oder auslaufende Segelschiffe zu begrüßen.

Und weil es ohne diese Leidenschaft, die ausgeprägter war als die pyrotechnischen Fertigkeiten des Zuckerbäckers, nie und nimmer ein Hotel und Restaurant Louis C. Jacob an der Elbchaussee 401 geben würde, verdient die Geschichte erzählt zu werden. Auch wenn die genaueren Umstände des »Falles Paridom« heute kaum noch aufzuklären sind und wir uns damit auf das schlüpfrige Parkett der Spekulationen begeben müssen, hat der Fall seinen Reiz: signalisiert er doch eine Art »Urknall«, der auf dem hohen Elbufer bei Nienstedten eine Kettenreaktion auslösen sollte, die bis auf den heutigen Tag nachwirkt.

Und die gerade in den letzten Jahren dieses Jahrhunderts wieder neue Energien freigesetzt hat, um einen Stern am gastronomischen Himmel über der Elbe aufgehen zu lassen.

Das Ende eines Zuckerbäckers

Um 1790 war Nienstedten noch ein kleines Dorf mit ein paar bescheidenen reetgedeckten Bauernhäusern, einem ansehnlichen Kirchturm mit einem Kirchhof rundherum und einem Marktplatz, auf dem die Händler von Zeit zu Zeit ihre Stände aufbauten und auf dem sich die Nienstedtener mit Bewohnern der Nachbardörfer trafen, um Neuigkeiten auszutauschen. Denn Zeitungen waren noch nicht so verbreitet wie heute, und die meisten Dorfbewohner konnten ohnehin nicht lesen. So war man auf das angewiesen, was einem die Nachbarn zu erzählen hatten, wenn man auf dem neuesten Stand sein wollte.

Ein beliebtes Thema, das die Phantasie anregte und sich gut für allerlei wahre und erfundene Abenteuergeschichten eignete, war das Leben und Treiben unten auf der Elbe. Besonders in den Sommermonaten lohnte es sich, oben auf dem Elbhang zu stehen, auf den Fluß hinunterzuschauen und den geschäftigen Schiffsverkehr zu bestaunen, der den Strom dort unten mit Leben erfüllte: die sturmerprobten Fischerboote, die von Blankenese stromaufwärts segelten oder die von der gegenüberliegenden Insel Finkenwerder herüberkamen, um ihre Netze auszulegen und darin die in der nahen Stadt beliebten Schollen zu fangen. Oder die kleinen Fährschiffe, die von geschickten Schiffern gesteuert die Elbe überquerten. Am schönsten aber waren die zwei- und dreimastigen frachttragenden Segelschiffe, die bei günstigem Nordwestwind mit prallgeblähten Segeln hinter einer schäumenden Bug-

welle der Hafen- und Hansestadt entgeneilten und dort ihre wertvollen Ladungen löschten: exotische Gewürze aus dem Orient, wertvolle Seidenstoffe und Tee aus dem Fernen Osten, Zucker aus Westindien, Kaffee von Haiti und Baumwolle vom amerikanischen Kontinent.

Obwohl der Anblick für die Menschen in Hamburg und in den Dörfern, die sich elbabwärts zwischen uralten Bäumen den Fluß entlang wie die Perlen einer Kette aufreihten, zum alltäglichen Leben gehörte, standen die Bewohner immer wieder staunend am Ufer und bewunderten die Segelschiffe und ihre mutigen Mannschaften. Am besten war das Schauspiel ein- und auslaufender Schiffe vom nördlichen Elbhang aus zu bewundern. Dort hatte der in der Gegend bekannte und hochgeschätzte Zuckerbäcker Paridom Burmester ein von seinem Vater ererbtes Haus, in dem er – sehr zur Freude seiner naschhaften Kunden – das Zuckerwerk herstellte. Schon frühmorgens stand er in dem kleinen Anbau seines Hauses am Arbeitstisch und fertigte seine Leckereien. Paridom Burmester verstand sich nicht nur auf die Herstellung von wohlschmeckendem Backwerk. Er war auch ein Künstler, der seinen Spaß daran hatte, kleine Kunstwerke aus Zucker zu modellieren. Am liebsten formte er sie von den großen Vorbildern unten auf dem Fluß. Diesen von weither hereinkommenden Segelschiffen und den von Hamburg aus auf alle Weltmeere hinaussegelnden Frachtern gehörte die ganze Liebe des Paridom Burmester. Vielleicht war es sein geheimster

Wunsch gewesen, sich selbst einmal auf das Abenteuer der Seefahrt einzulassen, bevor ihn sein Tagewerk als Zuckerbäcker für immer auf dem Nienstedtener Elbhang festhielt. Aber seine Verbundenheit mit den Seefahrern wollte er aller Nachwelt kundtun. So ließ er sich eine kleine Kanone bauen, deren Mündung er nach Süden ausrichtete und mit der er jedesmal drei bis nach Altona schallende Böllerschüsse abfeuerte, wenn ein großes Schiff die Stelle unterhalb seines Hauses passierte. Die Fahrensleute dankten ihm, indem sie fröhlich ihre Mützen schwenkten und ihre Schiffsflagge zum Gruß am Flaggenstock heruntergleiten ließen, was in der Seemannssprache »Flaggendippen« heißt.

Eines Tages aber, als Paridom Burmester eine große Pulverladung ins Kanonenrohr geschoben hatte, um für ein ungewöhnlich großes Schiff einen besonders eindrucksvollen Böller abzuschießen, ereilte ihn sein Schicksal. Wir wissen nicht, ob er sich bei der Pulverladung verschätzt oder ob er sie zu früh gezündet hatte, oder ob gar die Kanone

Der Tod des Zuckerbäckers Paridom Burmester. Preisgekröntes Bild aus einem Schülerwettbewerb

defekt war. Jedenfalls explodierte die Böllerkanone und verletzte den Zuckerbäcker so stark, daß er kurz darauf starb.

Das Unglück, das den armen Zuckerbäcker ereilte und sechs Kinder zu Waisen und eine hübsche junge Frau zur Witwe machte, ereignete sich am 18. Juni des Jahres 1790.

Das Sterberegister des Kirchenbuchs von Nienstedten enthält die Eintragung: »Am 18. Junius kam Nicolaus Paridom Burmester, Gastwirth zu Nienstedten, ums Leben, da eine abgefeuerte Kanone zersprang und ihn zerfetzte.«

Warum andere Quellen das Jahr 1789 als Todesjahr nennen – auch der sonst so zuverlässige Erich Lüth – ist nicht auszumachen. Möglicherweise erschien dem Chronisten der Zeitraum zwischen dem Unglücksfall und der Wiederverheiratung der Witwe als zu kurz. Vielleicht hat die Familie in ihrer mündlichen Überlieferung hier einen Hauch von Pietät in die Biographie ihrer Stammutter einzuschmuggeln versucht.

Nicolaus Paridom Burmester war an seinem Todestag genau 42 Jahre und 11 Monate alt. Zwei Tage nach der Explosion der Kanone wurde Burmester in aller Stille beigesetzt.

Lange hat es die Elisabeth Burmester – nicht zuletzt auch wegen ihrer noch unmündigen Kinder – nicht im Witwenstand ausgehalten. »Am 16. März 1791«, heißt es in einer Chronik, »ist der Junggeselle Herr Daniel Ludwig Jacob, Einwohner zu Nienstedten, mit Witwe Maria Elisabeth Burmester ... geb. Onnes im Hause copuliert, die Kgl. Concession der Hauscopulation war erteilt den 26. Februar 1791.«

Der Kanonensplitter, der den Leib des unglücklichen Nicolaus Paridom Burmester zerfetzt und den Mann zu Tode befördert hatte, ist später im Jacob als besondere Attraktion ausgestellt worden, eine Art Reliquie einer erschrecklichen Familiengeschichte. Und während vieles, das uns das gesellige und gesellschaftliche Leben im Hause Jacob auf anschauliche Weise hätte beleuchten können, nach dem Rückzug der Familie aus dem Unternehmen abhanden gekommen ist, scheint der Kanonensplitter keinen Liebhaber gefunden zu haben. Bis zuletzt kündete er – hübsch auf ein umkordeltes Kissen drapiert – vom Unglück und Glück der Jacob-Gründerjahre.

Eine Epoche wildester Spekulation

3000 Goldmark, so heißt es, habe Louis Daniel Jacob für das kleine Anwesen mit dem bescheidenen Haus bezahlt. Damit ging das Haus der Witwe Burmester, die er heiratete, in sein Eigentum über. Warum er das Grundstück mit dem Haus erworben hat, obwohl er es doch hätte »erheiraten« können – dieses Geheimnis hat der gebürtige Franzose mit ins Grab genommen. Jedenfalls hat ihm der Kauf des Hauses freie Hand gegeben, aus der kleinen Zuckerbäckerei das zu machen, was ihm als neue berufliche Perspektive vorschwebte.

Als er am 1. April 1791 in Nienstedten sein Restaurant gründete, hatte das nahegelegene Hamburg etwas mehr als 100 000 Einwohner. Jacob scheint geahnt, vielleicht gewußt zu haben, daß die nahegelegene Großstadt und ihr Wohlergehen über die Entwicklung seiner »Wirthschaft« mitbestimmen würde.

Hamburg war um diese Zeit eine Stadt, die schon seit gut einem halben Jahrhundert ein bemerkenswertes Kapital auf der Habenseite ihres wirtschaftlichen und kulturellen Existenzkontos angesammelt hatte. Hamburg war nicht nur zu Deutschlands wichtigstem Hafen herangereift, es war auch ein führender nordeuropäischer Zwischenmarkt. Die einst so wichtige Rolle als »Manufacturstadt« war durch die merkantilistische Abschließungspolitik und wachsenden Konkurrenzdruck von außen verblaßt. Im Handel und in der Schiffahrt hatte Hamburg dagegen seinen festen Platz gefunden, für den es allerdings auch seinen Preis zahlen mußte: Konjunkturschwankungen zogen die Hamburger Wirtschaft immer wieder in ihren Strudel. Zwischen 1713 und 1781 kennzeichnet ein schneller Wechsel von Krisen und Aufschwüngen die wirtschaftliche Entwicklung in Deutschland. Hamburgs Handel und Schiffahrt reagierten auf solche Turbulenzen mit seismographischer Empfindlichkeit und brachten den Menschen der Stadt in schnellem Wechsel Arbeitslosigkeit und Elend oder Phasen relativen Wohlstands.

Als Louis Daniel Jacob zum Zuge kam, lief die Wirtschaft gerade einmal wieder auf vollen Touren. Das hielt Hamburger Kaufleuten den Rücken frei, neue Wagnisse einzugehen, neue weltweite Verbindungen anzuknüpfen und Hamburgs Handel durch den Import bis dahin unbekannter Waren zu beleben. Caspar Voght, einer der erfolg- und ideenreichsten Großkaufleute seiner Zeit, war der erste, der aus Mocca und Surinam Kaffee holte, aus Baltimore Tabak und aus Afrika Gummi.

Als dann die in die Französische Revolution einmündenden Ereignisse die Welt abwechselnd erschütterten und faszinierten, erlebte Hamburg eine Wirtschaftsblüte, wie es sie bis dahin nicht gekannt hatte. Aber es erlebte auch, was sich in der späteren Geschichte vielfach wiederholen sollte: wie ein politischer Aufschwung sonst besonnenen Menschen alle Maßstäbe entreißt und sie zu Handlungen verführt, die sich mit solider Kaufmannschaft nicht vereinbaren lassen. Die Aussicht auf schnelle Gewinne verführt zu mancherlei Risiken, die am Ende nur wenigen zum Glück verhelfen und viele in den Konkurs treiben. Die Sünde der Revolutionszeit hieß »Warenspekulation«. Man nahm auf Lager, was man nur hereinholen konnte und was nur irgendwie die Hoffnung erweckte, in absehbarer Zeit zu wesentlich höheren Preisen wieder losgeschlagen werden zu können.

Plötzlich aber scheint die Welt der Wirtschaft aus den Fugen zu geraten, obwohl sie doch nur ihren eigenen Gesetzmäßigkeiten folgt: Anstelle ins unermeßliche steigender Preise setzt sie der Euphorie den Dämpfer einer scheinbar aus heiterem Himmel herabfallenden Absatzflaute auf. Die Folge war auch in der zweiten Hälfte des 18. Jahrhunderts ein Preisverfall, der den Traum vom schnellen Gewinn in den Alptraum der Ausweglosigkeit umschlagen ließ. Der verzweifelte Versuch, dem Schicksal zu entgehen, sich irgendwie über Wasser zu halten, Löcher zu stopfen, wo die anstürmende Flut des Verhängnisses die Deiche gesicherter Existenzen durchbrach, trägt den Namen »Wechselreiterei«. Sie konnte jedoch nur aufschieben, nicht verhindern. Gegen Ende des Jahrhunderts fallierten innerhalb eines Jahres fast doppelt so viele Handelshäuser wie in den zehn Jahren zuvor. Und Hamburgs Wirtschaft konnte noch nicht ahnen, daß ihr Härteres bevorstand, kaum daß die Schwelle zum neuen Jahrhundert überschritten war: Die 1803 seitens der Engländer verhängte Elbblockade und die drei Jahre später von Napoleon verordnete Kontinentalsperre ließen die Konkurse der neunziger Jahre wie ein harmloses Präludium zu einer gewaltigen Schicksalssinfonie voller Dissonanzen erscheinen, in der gleich zwei politische Paukenschläge das staunende (und erschütterte) Publikum aufschreckten.

Dies war die eine Seite einer Entwicklung, die Hamburg auf Veränderungen zutreiben ließ: Die Aufklärung hatte der Stadt eine folgenreiche kulturelle Umwälzung gebracht. Alte Autoritäten verloren allein schon dadurch an Gewicht, daß sie sich einer kritischen Bewertung stellen mußten. Der Wandlungsprozeß hatte Reformen eingeleitet, die das gesellschaftliche Gefüge in Frage stellten, obwohl die politische und wirtschaftliche Führungsschicht die Aufklärung in Hamburg nicht nur initiiert hatte, sondern auch wesentlich mittrug. An den von ihr gepflegten »Theetischen« und in den Kaffeehäusern tauschte man seine Gedanken aus und rüstete sich zum geistigen Aufbruch.

Die »Patriotische Gesellschaft« wurde zum Nährboden und Förderer aufklärerischer Gedanken. Sogenannte »Moralische Wochenschriften« wurden zum bevorzugten Informationsmedium einer der Aufklärung verbundenen Elite, die auf Vernunft setzte, und die sich in ihren Handlungen zunehmend dem Gedanken der Gemeinnützigkeit verpflichtet sah. »Lesegesellschaften« lösten die alten Formen der gesellschaftlich-politischen Auseinandersetzungen ab und wurden zu erbitterten Gegnern nicht nur allzu opulenter Abendmahlzeiten, sondern auch der in Hamburg extensiv gepflegten Spielleidenschaft.

In Hamburg und Altona entwickelte sich eine Form der Publizistik, in der auch demokratische Blätter ihren Platz hatten. Einer der Exponenten der in der Hansestadt wachsenden revolutionsfreundlichen Gesinnung war Georg Heinrich Sieveking, der am 14. Juli 1790, dem Jahrestag der Bastille-Erstürmung, in Harvestehude ein »Freiheitsfest« veranstaltete, an dem auch Klopstock und Adolph Freiherr Knigge teilnahmen.

Aus vollem Halse sangen sie nach Beethovens Melodie »Ode an die Freude«, ein von Sieveking höchstpersönlich gereimtes Freiheitslied:

Freie Deutsche, singt die Stunde,
Die der Knechtschaft Ketten brach.
Schwöret Treu dem großen Bunde
Uns'rer Schwester Frankreich nach.

Die Aufklärer setzten auf philosophische Kategorien wie »Menschenrechte«, und sie glaubten an die Gestaltungskraft der Erziehung. An diesen Grunderkenntnissen hielten sie auch fest, als die Revolution in Frankreich zur Schreckensherrschaft verkam und sich sogar Sieveking öffentlich gegen den Vorwurf verteidigen mußte, er sei ein »Jacobiner und Verschwörer«.

Wir wissen nicht, mit welchen Emotionen Louis Daniel Jacob solche Auseinandersetzungen verfolgte; denn er hatte ja seine Heimat verlassen, um den Unwägbarkeiten der Revolution zu entgehen. Vielleicht auch, weil ihm die Erhebung des »Dritten Standes« suspekt war. Andererseits weiß der Lokalhistoriker Otto Hintze, daß ein so vehementer Verteidiger der Französischen Revolution wie Sieveking dem sonst sehr wählerischen Louis Daniel Jacob sehr willkommen war und sich tatsächlich auch von ihm bewirten ließ. Nimmt man dazu gelegentliche Gäste des Hauses – der »Messias«-Dichter Friedrich Gottlieb Klopstock und der von Zeit zu Zeit in Hamburg weilende Homer-Übersetzer Johann Heinrich Voß werden ebenso genannt wie der Mitbegründer und Leiter der Handelsakademie Johann Georg Büsch und der Philosoph und Theologe Hermann Samuel Reimarus – dann läßt das von Anfang an auf ein angeregtes und anregendes geistiges Klima im Hause Jacob schließen.

Opulentes für den »Blücher-Club«

Zwei Dokumente, die im Staatsarchiv Hamburg aufbewahrt werden, zeigen die Grundstückssituation am Nienstedtener Elbhang zu der Zeit, in der Louis Daniel Jacques nach Hamburg kam. Der »Grundris über die Ländereyen des Kirchdorfs Neuenstedten« ist eine kolorierte Flurkarte aus dem Jahr 1786. Auf ihr sind die Besitzverhältnisse vermerkt. Das Flurstück des Nicolaus Paridom Burmester ist mit Nr. 4 bezeichnet. Auf dem zum Elbhang hin gelegenen Stück, das die Signatur 4 A trägt, sind zwei kleine Gebäude eingezeichnet; das eine ist ein Wohnhaus, das andere ist als Stall erkennbar. Die Bebauung, wie sie Louis Daniel Jacob beim Kauf des Anwesens vorgefunden hat, stammt ungefähr aus der Mitte des 18. Jahrhunderts.

Zwei Jahre nach dieser Flurkarte entstand das sogenannte Erd-Buch als zweite wichtige Urkunde aus der Frühzeit des Jacob. Es handelt sich dabei um einen »Grundbuchauszug«, der auf der Basis der Flurkarte als Steuerkataster angelegt worden war. Die Grundstücke, die auf dem früheren Dokument noch Burmester als Eigentümer auswiesen, waren jetzt mit dem Bleistift-Vermerk »Herr Jacobsen« versehen.

Die spärliche Bebauung läßt erkennen, daß sich Nicolaus Paridom Burmester mit seiner Zuckerbäckerei auf engstem Raum eingerichtet hatte und sein Geschäft von seinem kleinen Wohnhaus aus betrieben haben muß. Erst Louis Daniel Jacob hat im größeren Umfang investiert und dem Wohnhaus nach Süden hin einen Bau angefügt, der über ein halbes Jahrhundert später als »Waschhaus« ausgewiesen ist. In westlicher Richtung ließ Jacob auf der freien Fläche zwischen Wohnhaus und Stallgebäude einen Speisesaal bauen, in dem er seine Gäste bewirtete. Wann er diese Baumaßnahmen durchführen ließ, ist nicht genau festzustellen. Da er aber am 1. April 1791 zum ersten Mal Gäste auf dem Elbhang bewirtet hat, darf wohl davon ausgegangen werden, daß die Erweiterung ziemlich bald nach der Übernahme des Anwesens erfolgt sein muß.

Wahrscheinlich hat Jacob das später realisierte Ziel von Anfang an fest im Auge gehabt.

An einem guten Restaurant – und Louis Daniel Jacob hatte keinen Augenblick daran gezweifelt, daß er als Gastronom erfolgreich sein würde – bestand in dem bescheidenen Dorf zwischen Klein Flottbek und Blankenese durchaus Bedarf.

Nienstedten lag in der Herrschaft Pinneberg. Sie war ein Teil der Grafschaft Schauenburg-Pinneberg. Nach dem Aussterben der männlichen Linie des Schauenburger Grafenhauses war dieser Teil als Reichslehen an die dänische Krone gefallen. Die »Obrigkeit«, an die sich Daniel Louis Jacob wegen einer Erlaubnis zu wenden hatte, waren also die Dänen. Aber die »Gewerbeaufsicht« ließ sich Zeit. Erst neun Jahre nach der Eröffnung des Lokals wurde die königliche Urkunde über die Schankkonzession ausgefertigt.

Das Dokument, das viele Generationen und Eigentümerwechsel der letzten 195 Jahre überstanden hat, ist in feinster Urkundenschrift mit den jener Zeit gemäßen Schnörkeln geschrieben:

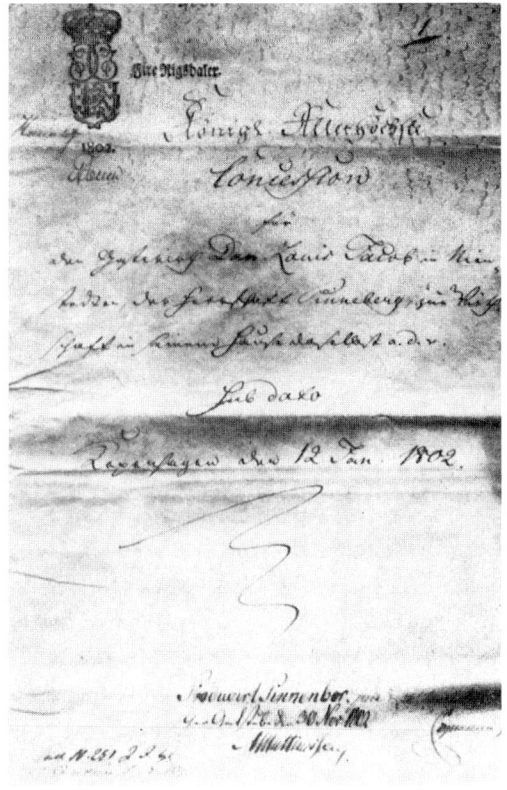

*Königl. Allerhöchste Konzession
für den Gastwirth Dan. Louis Jacob in
Nienstedten, der Herrschaft Pinneberg,
zur Wirthschaft in seinem Hause daselbst.*

Ausgestellt wurde die Urkunde am
12. Januar 1802 in der Hauptstadt Kopenhagen.

Als Wirt, so schreibt Erich Lüth, sei
der alte Jacob aus natürlicher Begabung
bald allen seinen Rivalen im weiten
Umkreis überlegen gewesen »durch die
edle Kultur der von ihm dargebotenen
und gepflegten französischen Küche«.

Dennoch waren die Geschäfte – den
politischen Wechselbädern der Zeit entsprechend – von starken Schwankun-
gen gekennzeichnet. Die Sache hatte
sich zunächst gut angelassen. Anhand
der erhaltengebliebenen Aufzeichnungen von Jacob ist zu errechnen, daß die

Durchschnittseinnahmen von 1791 bis
1801 stolze 94 831 Mark betrugen. Im
Zeitraum von 1812 bis 1821 stiegen sie
sogar auf 168 086 Mark. Auch wenn
dabei die Teuerungsrate berücksichtigt
werden muß, zeigt zumindest der
Umsatz einen positiven Trend. Allerdings hat Louis Daniel Jacob die alte
hanseatische Erfahrung »Koopmanns-
good – Ebbe un Floot« im besonderen
Maße zu spüren bekommen; und die
notgedrungene Ausrichtung seines
Geschäftsschwerpunktes auf den
»Hauptverkehr« zwischen April und
Oktober hat die Umsatzschwankungen
noch verstärkt.

Besonders kritisch waren die Zeiten
der russischen Einquartierung. Eine
Eintragung von Jacob aus dieser Zeit
lautet: »In diesen unglücklichen Mona-
then die Russischen Generals, Obersten,
Capitäns etc. in Quartier gehabt, für
Essen in allem eingenommen 1000
Mark.«

Wie eine solche Einnahme zu gewich-
ten ist, läßt sich aus einer anderen Eintragung vom 13. Mai 1814 ablesen:
Jacob hatte »Generals mit 50 Gästen«
auf Vorbestellung bewirtet; das Gedeck
kostete pro Person acht Mark.

Außer der »Table d'hôte«, der übli-
cherweise gemeinsamen Speisetafel,
gab es auch schon in den Anfangsjahren
des Jacob Diners auf Vorbestellung, und
es wurde auch ohne vorherige Anmel-
dung à la carte serviert, wenngleich sich
der Umfang der Karte besonders in den
Wintermonaten in Grenzen hielt. Das
Gedeck war – auch wenn nicht Offiziere
verpflegt wurden – mit sechs bis acht
Mark kalkuliert. Aber Jacob scheute sich
auch nicht »Sonderangebote« mitzu-
nehmen, die er »billige Speisungen«
nannte. Solche Gedecke waren dann für
zwei bis vier Mark zu haben. Erst sein
Sohn schaffte diese Menüs ab. Nicht

zuletzt auch deshalb, weil sich der Geschäftsbetrieb nach 1830 so weit stabilisiert hatte, daß sich das Jacob vorrangig zu einer etwas wohlhabenderen Klientel hin orientieren konnte.

Frühzeitig gelang es Louis Daniel Jacob, nicht nur Einzelpersonen mit ihren Familien als Stammkundschaft zu gewinnen. Er entwickelte auch das Bankettgeschäft und zog damit größere Gesellschaften in sein Haus, die ihm lohnenswerte Geschäfte bescherten.

So kam seit 1819 unter anderem regelmäßig der »Blücher-Club« zu ihm, um an der Elbchaussee zu speisen. Gegründet hatten diesen Club Hamburger Freunde und Verehrer des 1742 in Rostock geborenen legendären preußischen »Marschall Vorwärts«. Die Herren erschienen jedesmal mit 30 bis 33 Personen und brachten sogar ihre eigenen »Musici« mit. Was ihnen ihr Idol wert war, zeigen die Ausgaben für das Festmahl: Das Gedeck war mit 13 bis 14 Mark großzügig berechnet, und so darf man denn davon ausgehen, daß der »Blücher-Club« mehr als opulent zu speisen verstand.

So hatte Daniel Louis Jacob, der Begründer einer fünf Generationen lang erfolgreichen Gastronomen-Dynastie, in seiner Wahlheimat einen Start, mit dem er zufrieden sein konnte.

Die politische Konstellation ersparte dem Neu-Nienstedtener mancherlei Repressalien, denen Gastwirte während der Franzosenzeit in der Hansestadt ausgesetzt waren. Leonhard Wächter hat in seinem »Historischen Nachlaß« geschrieben, was sich die Hamburger Wirte von den brutalen Steuereintreibern Napoleons gefallen lassen mußten: »Die Betreibung dieser (der französischen Steuern) heischte die Aufstellung einer Menge von Auflaurern und Heimsuchern; diese durften u. a. Weinhändlern und Schenkwirten zu jeder Zeit in die Häuser fallen, Keller und Räume durchsuchen, um zu erfahren, ob das angegebene zu versteuernde Getränk oder mehr geschenkt sei. Bei der geringsten irrégularité wurde ein procès-verbal darüber aufgenommen und dem schuldig Befundenen eine ungemäße Geldstrafe zuerkannt.«

Bei den Dänen im benachbarten Altona und in den Elbvororten ging es alles in allem freundlicher zu. Was nicht heißt, daß die Hansestadt nicht auch mit ihnen ihre liebe Not gehabt hätte.

»Hier wird nur mit Rieksdahlern bezahlt«

Die »Königl. Allerhöchste Concession für den Gastwirth Dan. Louis Jacob in Nienstedten der Herrschaft Pinneberg, zur Wirthschaft in seinem Hause daselbst« war am 12. Januar 1802 in Kopenhagen ausgestellt worden.

Seit 1640 schon hatten die Könige von Dänemark als Herzöge von Holstein Oberhoheitsansprüche gegen Hamburg geltend gemacht und durch den Zugriff auf den Unterelberaum machtpolitisch abzusichern versucht. Christian IV. hatte sich darin besonders hervorgetan und Hamburg durch eine konsequente Städtepolitik unter Druck zu setzen versucht, indem er zunächst die kleine Stadt Krempe gegründet hatte und bald darauf Glückstadt. Dem Dänenkönig hatte vorgeschwebt, Glückstadt als Hebel zu benutzen, mit dem er Hamburg im wahrsten Sinn des Wortes das Wasser abgraben wollte. Tatsächlich war dies ein kluger Schachzug; denn Glückstadt liegt wesentlich näher an der Elbmündung als Hamburg, und es sprach einiges für die Annahme, daß es gelingen könne, von dort aus den Warentransport zum dänischen Reich zu organisieren und der weiter elbaufwärts gelegenen Hansestadt damit eine wichtige wirtschaftliche Grundlage zu entziehen. Die Kontrolle des Schiffsverkehrs auf der Unterelbe war eine grundlegende Voraussetzung, um dieses Ziel zu erreichen. Um 1620 begann Christian IV., seine Hoheitsrechte auf der Elbe mit immer mehr Nachdruck einzufordern, obwohl ein kaiserliches Privileg Hamburg die Rechtsausübung auf der Elbe schon im späten 15. Jahrhundert verbrieft hatte. Hamburg war es auch gewesen, das den Schiffahrtsweg Elbe durch Seezeichen sicherte und dafür einen Zoll, das sogenannte »Tonnengeld«, kassieren durfte.

Dieses Recht machte der Dänenkönig Hamburg jetzt streitig und ließ – zur Durchsetzung seines Anspruchs – zwei Kriegsschiffe nach Glückstadt entsenden, die er später, als sich Hamburgs Verbündete als unschlüssig erwiesen hatten, durch ein stattliches Heer vor den Toren Hamburgs unterstützen ließ.

Hamburg sah sich durch den militärischen Druck gezwungen, in Verhandlungen einzutreten und Dänemark weitgehende Zugeständnisse zu machen und seine ihm durch kaiserliches Privileg zugestandenen Rechte einstweilen nicht mehr auszuüben.

Als König Christian in einen Krieg mit den Niederländern verwickelt wurde, ließ er sogar Hamburgs Schiffe aufbringen, denen er Lieferungen für seine Feinde unterstellte. Später setzte er gegen den Willen des Kaisers und gegen die Proteste des Hamburger Rats eine Abgabe für alle die Unterelbe passierenden Schiffe durch, mit der er seine Festung Glückstadt ausbauen wollte.

In seiner Existenznot griff Hamburg Glückstadt an, blockierte die Stadt und war in der Lage, diese Blockade vier Monate lang durchzuhalten. Dann schickte der Dänenkönig seine Flotte und drängte Hamburg zurück.

Von diesem Zeitpunkt an galt das hamburgisch-dänische Verhältnis als explosiv, und der Kaiser, der immer noch auf der Seite Hamburgs stand, verfügte nicht über die Macht, seinen

Rechtsstandpunkt gegenüber der dänischen Krone durchzusetzen.

Der Dänenkönig nutzte die Schwäche, marschierte nach dem Tod des letzten Schauenburger Grafen in die Grafschaft Pinneberg ein und teilte sich das Land mit Friedrich III. von Holstein-Gottorp. Er war aber clever genug, sich den an Hamburg grenzenden Teil mit Altona zu sichern und damit Hamburg erneut und diesmal unmittelbar zu bedrohen.

Hamburg versuchte noch, in Geheimverhandlungen einen Kaufvertrag über Altona, Ottensen, Flottbek, Nienstedten sowie Dockenhuden und Blankenese abzuschließen. Aber die Verhandlungen verliefen im Sande.

1643 schien die militärische Lage dem Dänenkönig günstig zu sein, und er schlug mit einem Truppenaufmarsch zu, beschlagnahmte Handelsschiffe und sperrte die Elbe. Hamburg wurde gezwungen, seine Abhängigkeitsverhältnisse zum Hause Holstein zu akzeptieren und auf seine Elbhoheit zu verzichten.

Erst nach seinem verlorenen Krieg gegen Schweden hatte Christian IV. sich zum Einlenken bequemen müssen, wenngleich seine Forderungen, insbesondere die Kontributionen, den Hamburgern immer noch als zu hoch erschienen.

Im Jahr des Westfälischen Friedens starb Christian IV. Unter seinem Nachfolger Friedrich III. ließ der dänische Druck auf Hamburg nach. Dennoch blieben die Beziehungen problembelastet. Man stritt sich weiterhin um die von Dänemark verlangte Erbhuldigung oder eine (von Hamburg abgelehnte) finanzielle Entschädigung, und man stritt sich vor allem über Hamburgs Anspruch auf die Reichsunmittelbarkeit. Wenn Hamburg zu Reichstagen eingeladen wurde, kam postwendend der Protest aus Kopenhagen. Willkürlich wurde der Postverkehr nach Altona unterbrochen, der Handel mit England behindert und – als härtester Schlag gegen die Hansestadt – Altona 1664 das Stadtrecht verliehen.

Unter Christian V. setzten sich die Spannungen in verschärfter Form fort.

1691 trieben Hamburgs Beziehungen zu Dänemark ihrer schwersten Krise entgegen: König Christian verbot den Hanseaten den Walfang in dänischen Gewässern.

Ein Jahr später hielt es der Dänenkönig im Interesse seiner Beziehungen zu Kaiser und Reich für opportun, Hamburg nicht nur die freie Grönlandfahrt wieder zu gestatten, sondern ihm auch den freien Seehandel zuzubilligen und die beschlagnahmten Waren und Schiffe zurückzugeben. Gegen Zahlung einer erklecklichen Summe, die sich in diesem Fall auf 400 000 Reichstaler belief.

Die Politik zwischen Hamburg und Dänemark geriet damit auf absehbare Zeit in ein etwas ruhigeres Fahrwasser.

1768 kam es endlich zwischen Dänemark und dem »Gesamthaus« Holstein und dem Hamburger Rat zu einer endgültigen Verständigung. Der Vertrag ist als »Gottorper Vergleich« in die Geschichte eingegangen, und er zeigt, wie Geld die politische Einsichtsfähigkeit fördern konnte.

Trotz gegenseitiger Geringschätzung hatten beide Seiten jahrhundertelang Geschäfte miteinander gemacht. Andererseits hatten die dänischen Könige Hamburg immer wieder Zwangsanleihen auferlegt und standen so bei den Elbhanseaten mit stattlichen Schuldensummen in der Kreide. Das war ein Instrument, auf dem Hamburg zu spielen verstand. Es verzichtete im »Gottorper Vergleich« auf die Rückzahlung der

Schulden, gab verpfändete Gebiete wie Sasel, Meiendorf und Alsterdorf an Dänemark zurück und hatte sich die Bedingungen wohlüberlegt: Endgültige Anerkennung als »Kaiserlich Freie Reichsstadt« und Unabhängigkeit vom Herzogtum Holstein. Das aber war dem weitsichtigen Hamburger Rat zuwenig. Er verlangte – und bekam – alle dänisch-holsteinischen Enklaven im hamburgischen Gebiet und dazu die Elbinsel zwischen der Kalten Hofe (heute Rothenburgsort) und Finkenwerder. Dieses Gebiet, das mit dem Aufstieg Hamburgs zu einem Welthafen eine zentrale Bedeutung bekommen sollte, war der wichtigste »Zukauf« Hamburgs im Hinblick auf seine künftige Entwicklung. Der Historiker Heinrich Reincke spricht vom »wichtigsten und erfreulichsten Ereignis der äußeren Geschichte des 18. Jahrhunderts«, das zwar die Finanzkraft der Hansestadt fast vollständig erschöpfte, aber Weichen für die Zukunft stellte.

Daß die Dänenherrschaft trotz mancherlei Nachteile auch dem einen oder anderen einen unverhofften Gewinn bescherte, berichtet der Blankeneser Lokalchronist Gustav Kirsten. Als nämlich der Müller Johannes Joohn, dem eine Wassermühle am Mühlenberg in Dockenhuden und eine Windmühle in Nienstedten gehörten, seine Windmühle mit Ländereien an den Hamburger Senator Godeffroy verkaufte, kam es zu einer amüsanten Transaktion. Der Kaufpreis war in Hamburger Thalern zu je 40 Schilling vereinbart. Das Grundstück mußte auf dem Pinneberger Landratsamt umgeschrieben werden, und der dänische Landrat sagte streng: »Hier gibt es keine Hamburger Thaler, wir befinden uns in Dänemark, hier wird nur in Rieksdahlern bezahlt!«

Senator Godeffroy war sofort einverstanden; denn der Rieksdahler hatte nur 30 Schilling, und so hatte er auf einem Schlag an jedem Thaler ein Viertel verdient.

»Ansicht von Nienstädten und Jacobsen's Garten.« Gouache von J. Glashoff, um 1820

Voller Erfolg mit leeren Cassabüchern

Schon in ihrer ersten Ehe hatte sich die Kapitänstochter Maria Elisabeth, die »durch Wuchs und Wohlstand gleichermaßen begehrenswert« gewesen sein soll, als außerordentlich geschäftstüchtig erwiesen und trotz ihres – für damalige Verhältnisse allerdings nicht ungewöhnlichen – Kinderreichtums immer wieder ihre gesellschaftlichen Beziehungen zu nutzen gewußt, um wohlsituierte Bürger an die anfangs noch kleine und bescheidene Gastwirtschaft in Nienstedten heranzuführen.

Auch in ihrer zweiten Ehe mit Daniel Louis Jacob hatte sie mehrere Kinder. Eine der Töchter heiratete später Hamburgs Bürgermeister Dr. Hachmann. Und dennoch hat Maria Elisabeth auch an der Seite ihres zweiten Mannes unermüdlich am Aufbau des Weinrestaurants mitgearbeitet. Sie hat wesentlich dazu beigetragen, daß der älteste Sohn Louis Jacob ein trotz mancherlei politisch bedingter wirtschaftlicher Schwierigkeiten gut fundiertes Geschäft übernehmen konnte, das gleichwohl über wenig Betriebskapital verfügt zu haben scheint.

Daniel Louis Jacob, der seinem angeborenen Namen Jacques eine hamburgischer Zunge angemessenere neue Identität gegeben hatte, sich aber zur Umwandlung seines Vornamens Louis in das weitaus weniger klangvolle deutsche »Ludwig« außer für offizielle Beurkundungen nicht entschließen konnte, gehörte zu den vielen Emigranten, die den Hamburgern wenigstens einen Abglanz französischer Lebensart vermittelt haben. Wobei auf dem kulinarischen Sektor wohl von Anfang an

Abstriche gemacht werden mußten, indem man die vorbiedermeierliche »nouvelle cuisine« auf die etwas weniger empfindsamen Geschmacksnerven der Elbhanseaten zurechtstutzte und damit von übertriebenem französischen Raffinement befreite.

Der Erfolg hat Jacob recht gegeben: Die wohlhabenden Nachbarn kehrten gern bei ihm ein, und bald hatte sich sein guter Ruf soweit herumgesprochen, daß man den für damalige Verhältnisse weiten Weg aus der Stadt nicht scheute, um bei Jacob gut zu essen und einen edlen Tropfen zu genießen.

Erich Lüth, der nach dem Krieg von Max Brauer zum ersten Direktor der Staatlichen Pressestelle ernannt wurde, und der nicht nur in offizieller Mission – etwa als Begleiter des Bundespräsidenten Theodor Heuss – dort getafelt hat, sondern der auch die Urenkel des Gründers noch persönlich kennenlernen konnte, beschreibt die Gäste der frühen Jahre als eine ziemlich bunte Gesellschaft: »Oft kamen diese als Wanderer. Andere fuhren in der Kalesche oder in der Equipage vor. Dann aber brach ein Menschenschwarm froher Zecher über die Tische herein und ließ aus dem reichbestückten Keller die Bouteillen mit rubinrotem Burgunderwein heraufetragen.«

Solches Erfolgsszenario beschrieb allerdings nur die Sternstunden auf dem Nienstedtener Elbhang, in denen die Geschäfte so recht nach dem Geschmack des Patrons florierten. Das aber war bei weitem nicht immer der Fall. Nach einem schwungvollen Start mußte Louis Daniel Jacob bald feststellen, daß der Betrieb eines Weinrestaurants weit vor den Toren der Stadt ein »wetterfühliges« Unternehmen war und alle Züge eines Saisongeschäftes hatte. Besonders an den grauen Herbst- und Wintertagen blieben die Gäste weg. Dank der akribischen Eintragungen in die Cassa-Bücher, die Daniel Louis Jacob jeden Tag machte und von denen einige Blätter aus dem ersten Jahrzehnt des 19. Jahrhunderts die unruhigen Zeiten überdauert haben, wissen wir, wie hart die Anfangsjahre des »Jacob« gewesen sein müssen. Für den November 1809 sind für die jeweiligen Sonntage nur am 9. und am 16. jeweils zwei beziehungsweise drei Personen als Gäste registriert, die zusammen 11,80 Mark in Jacobs Kasse brachten. Für die beiden dazwischenliegenden Sonntage wurde lapidar, wenn auch nicht ganz im Einklang mit den Regeln der Grammatik, vermerkt »Keinen Menschen«.

Der darauffolgende Monat hat dem Gastronomen kaum ein besseres Betriebsergebnis beschert; denn nicht nur für den 10. und 17. Dezember 1809 findet sich die erneute Eintragung »Keinen Menschen«. Sogar am zweiten Weihnachtstag und zu Silvester blieben die Gäste aus.

Finanzielle Durststrecken kennzeichnen die Aufbaujahre des Jacob. Es gab Zeiten, in denen Daniel Louis Jacob und seine Frau einen harten Existenzkampf führen mußten und kaum imstande waren, ein finanzielles Polster anzulegen. Das Wenige, das sie als Spargroschen beiseite legen konnten, wurde aufgezehrt, als die politischen Verhältnisse auch sie zwangen, den Gürtel enger zu schnallen.

Der politische Flächenbrand, den Napoleon auslöste und damit Europa ins Unglück stürzte, ist als »Franzosenzeit« in die hamburgische Geschichte einge-

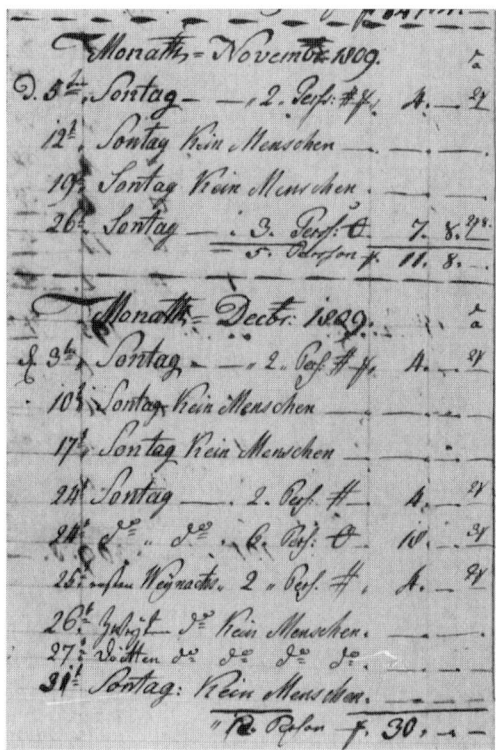

Eintragung aus dem Cassa-Buch der Wirtschaft von Daniel Louis Jacob, November und Dezember 1809

gangen und hat sich den Elbhanseaten über viele Generationen hinweg mehr als der Große Brand von 1842, die Cholera-Epidemie ein halbes Jahrhundert später und die Wirtschaftskrise von 1857 als größtes Katastrophenereignis des 19. Jahrhunderts in das Geschichtsbewußtsein eingegraben.

Allein die Kontinentalsperre, die Napoleon gegen das ihm verhaßte England verhängte, ließ den Hamburger Hafen veröden und eine große Zahl einst wohlsituierter Kaufleute in finanzielle Schwierigkeiten geraten. Auch wenn Nienstedten davon nicht direkt betroffen war, bekam es doch den wirtschaftlichen Druck indirekt zu spüren. Und auch Louis Daniel Jacob war ja auf den Zuspruch der Hamburger Kaufmannschaft angewiesen.

Im übrigen litt man außerhalb der Stadt weniger unter dem französischen Expansionsdrang und dem Besatzungsregime.

Die dänischen Soldaten, die 1802 auch in Nienstedten einquartiert wurden, waren zwar nicht Besatzungsangehörige im eigentlichen Sinn, aber die Bevölkerung wird sie dennoch nicht als Freunde empfangen haben, denen man freiwillig Gastrecht einräumte. Daß sie im bescheidenen Umfang sogar zahlende Gäste waren, mag es den Nienstedtenern erleichtert haben, für sie von Zeit zu Zeit Sympathie zu entwickeln.

Auch Monsieur Jacques scheint sich mit den Dänen arrangiert zu haben. Jedenfalls sind keine Äußerungen von ihm überliefert, die einen anderen Schluß nahelegen.

Anders mag er die französische Einquartierung empfunden haben, die ihm seit 1806 ins Haus stand. Nienstedten wurde so etwas wie eine Standortkommandantur für rund 300 Mann, die zur Bewachung der Küstenlinie abgestellt waren. Als Franzose, der sein Land ja in den unruhigen Jahren vor dem Sturm auf die Bastille verlassen hatte, wird er die Truppen Napoleons nicht gerade mit Jubel begrüßt haben. Wie übrigens andere Emigranten auch nicht, die inzwischen an der Elbe ihr Glück gemacht hatten. Anders als etwa in Hamburg, das unter den napoleonischen Besatzern unsägliches Leid erdulden mußte, scheint man sich in den Dörfern westlich der Stadt mit den fremden Soldaten abgefunden zu haben, zumal der Oberbefehlshaber Bernadotte seinen eigenen Leuten gegenüber ein strenges und vorbildhaftes Regiment führte, so daß es kaum zu Übergriffen gekommen zu sein scheint.

Jedenfalls wurde in Nienstedten über die französischen Besatzer nicht mehr geklagt als über die 1813 eingezogenen »Befreiungstruppen« der Kosaken, die ein halbes Jahr blieben und der Zivilbevölkerung mehr als nur Geduld abverlangten.

Im nahegelegenen Hamburg hatte die Bevölkerung die Kosaken zunächst noch als ihre Befreier vom französischen Joch enthusiastisch gefeiert. Auch in Altona brachten die Menschen den exotisch anmutenden Truppen manch ein Ständchen und sangen aus vollem Halse:

Russen, ihr Russen, ihr braven Leute,
Ihr habt uns gemacht eine große Freude.
Handel und Wandel kann wieder regieren
Ein jeder kann wieder nach Hamburg
marschieren.

Daß sich am Ende die Befreier nicht viel besser aufführten als diejenigen, von denen sie auch Nienstedten befreit hatten – das läßt die Bemerkung eines Chronisten vermuten:

»… die Kosaken führten den staunenden Altonaern ihren Reiterverstand vor, trabten Holztreppen ganz schmal runter und galoppierten und balancierten, haschten vorübersausend ihre Lanzen und noch mehr solch brotlose Künste.«

Etwas konkreter äußert sich der Pädagoge Markus Christian Köhnke, der in Nienstedten eine »Erziehungsanstalt für Knaben« unterhielt, über den »Kosakenwinter 1813«:

»Was die Offiziere und Kosaken nebst einigen Soldaten willkürlich forderten, mußte denselben … gereicht werden, und wenn dies nicht augenblicklich geschah, so drohten sie mit dem Kantschu …«

Der Kantschu war eine geflochtene Riemenpeitsche mit kurzem Stiel, von der reichlich Gebrauch gemacht wurde, um sich auf der breiten Palette von Brot über Fleisch bis hin zum Schnaps Lebensnotwendiges zu beschaffen. Und die Kosaken schreckten auch nicht davor zurück, sich auf diese Weise gelegentlich Frauen gefügig zu machen.

Köhnke rechnet auch vor, was ihn die »Befreiung« gekostet hatte:

Es wurden übrigens von diesen Unholden und ihren Bedienten und Kosaken, bei Tag und bei Nacht, binnen vierzehn Tagen ein Kalb, zehn fette Gänse, viele Enten und Hühner, 180 Pfund Schweinefleisch und einige Pfund Ochsenfleisch vermöbelt, wobei tüchtig Kaffee, Rumgrog und Punsch getrunken wurde.

Zuweilen, läßt Köhnke wissen, hatten zwischen 300 und 600 Soldaten in seinem großen Landhaus und unter freiem Sternenhimmel im Garten gelegen, *die dann ineinandergeschlungen in Mänteln schliefen und schnarchten, gleich einer Horde Säue, bei welcher auf dem Hofe zwei mächtig große Biwakfeuer brannten.*

Etwa 11 000 Mark habe er selbst bei der Sache eingebüßt, schreibt Köhnke. Und da war er sicher noch besser dran als Daniel Louis Jacob, der notierte, er habe 1400 Mann, Generale, Obersten und Capitaine zu verpflegen gehabt. Andererseits gab es für Jacob als Gastwirt wohl auch die eine oder andere Verdienstmöglichkeit. Jedenfalls verrät eine handschriftliche Eintragung in eines seiner Cassa-Bücher, er habe »nichts oder doch ganz wenig verdient«, was immerhin den Schluß erlaubt, daß Tettenborns Offiziere, wie auch vorher schon die Franzosen, ausgiebig tafelten und durchaus wenigstens einen Teil ihrer Zeche bezahlten. Sehr zum Vergnügen der durch mancherlei Schikanen der Befreier verärgerten »Gastgeber«.

Wie mag sich der alte Jacob über manch eine der maßlosen Forderungen geärgert haben, die von den Kosakenoffizieren an ihn herangetragen wurden.

Und wie mag es ihn deshalb amüsiert haben, wenn die Wünsche der »Einquartierungen« treu und brav erfüllt wurden und am Ende etwas ganz anderes dabei herauskam, als man erwartet hatte.

»Besorgen Sie mir sofort Kerzen für den Pferdestall!« hatte der Kommandant verlangt. Jacob trieb unter großen Schwierigkeiten einige Talgkerzen auf – kostbare Beleuchtungsmittel in den Jahren der wirtschaftlichen Not.

Am nächsten Tag waren alle Kerzen verschwunden, und in Nienstedten feixte man hinter vorgehaltener Hand; denn es sprach sich schnell herum, was die Kosaken mit den Kerzen angestellt hatten: Sie hatten sie als Dessert zur kargen Lagerkost einfach aufgegessen. Und das offenbar mit Genuß.

Den Gründer des Hauses Jacob – dies wurde schon angedeutet – hatten die widrigen Zeitumstände daran gehindert, als Gastronom nennenswerte Reichtümer anzusammeln. Erst die Nachfolger in der Jacob-Dynastie konnten das Geschäft auf eine gesicherte wirtschaftliche Basis stellen.

Louis Daniel Jacobs I. Kapital waren sein unermüdlicher Fleiß und die Fähigkeit, seinem Haus mit einfühlsamer Hand jenes Maß an Intimität zu geben, das hanseatischen Vorstellungen von »Gediegenheit« entsprach, und das zugleich den angemessenen Rahmen für gepflegte Gastlichkeit stellte.

Daß Jacob dabei von seinen Erfahrungen als Kunstgärtner profitierte, ist naheliegend. Wir wissen, schreibt Erich Lüth, »daß sein Haus schon im Frühling inmitten eines leuchtenden Blütenflors stand, und wir wissen darüber hinaus, daß die Küche des Hauses aus einem Küchengarten mit vielen Kräutern und Kressen, mit frischen Salaten vieler Arten versorgt wurde, so vieler Sorten, daß kundige Botaniker, die unter den Linden der Jacobschen Elbterrasse vesperten, vor dem meisterhaften Züchter Jacob immer bereit waren, den Hut zu lüften.«

Die Nachbarn holten sich bei Louis Daniel Jacob, auch als dieser schon als etablierter Gastronom einen guten Namen hatte, immer gern fachkundigen Rat. Und wenn immer ihm sein eigenes Geschäft dazu Zeit ließ, scheute er sich nicht, persönlich Hand anzulegen. Der bereits erwähnte Direktor des Nienstedtener Knaben-Erziehungsinstituts berichtet in seinen 1839 veröffentlichten Erinnerungen über die Rekultivierung und Neuanlage seiner Gärten: »… wobei mir der verstorbene freundliche und gescheute Gastwirt Jacob in Nienstedten … recht viele Dienste leistete, indem er beide Gärten, unter meiner Zustimmung, mit Hilfe vieler Tagelöhner, einfach aber zweckmäßig und recht hübsch einrichtete …«

Die nachhaltigste gartenbauliche Leistung, die Louis Daniel Jacob am eigenen Anwesen vollbrachte, war die Anlage der später weltberühmten Lindenterrasse. Als er die Bäume pflanzte, um seinen Gästen ein schattiges Plätzchen auf dem Geestrücken mit einem großartigen Ausblick über den Fluß hinweg bieten zu können, wird er nicht im entferntesten geahnt haben, wieviel Aufsehen dieses Markenzeichen seines Restaurants in den vor ihm liegenden zwei Jahrhunderten einmal erregen sollte: als Opfer der Naturgewalten, die die äußere Baumreihe um die siebziger Jahre des vergangenen Jahrhunderts den Elbhang hinunterstürzen ließ; als Motiv für eines der schönsten impressionistischen Gemälde, die der geniale Max Liebermann je auf die Leinwand gebracht hat; als Identifikationsobjekt für die traditionsbewußten Nienstedtener, das aus »dem« Jacob »ihr« Jacob machte. Und schließlich in der jüngsten Vergangenheit als Reibungsfläche, an der sich Mißtrauen gegenüber den Absichten eines neuen Eigentümers schüren ließ, dem man – in vielen Fällen wider besseres Wissen – seine ernsthaften Absichten um die Erhaltung der Lindenterrasse absprechen wollte.

Kunstgärtner von Profession – Gastwirt aus Passion

Vermutlich – so spekuliert der Schriftsteller Paul Th. Hoffmann – entstammte Monsieur Jacques einem französischen Adelsgeschlecht, dessen Namen er unterdrückt habe. Sollte diese Andeutung auch nur ein Fünkchen Wahrheit enthalten, so ist Daniel Louis Jacques die Camouflage jedenfalls überzeugend geglückt; denn es läßt sich in den ohnehin spärlichen biographischen Daten, die über ihn in Erfahrung zu bringen sind, nicht einmal ein versteckter Hinweis darauf finden, daß die Annahme gerechtfertigt sein könnte.

Welchen Grund hätte er auch haben können, seine Herkunft zu verleugnen? Das Schicksal hatte in den Wirren der großen Umwälzungen, die in die Französische Revolution einmündeten, ein ganzes Heer von Standespersonen nach Hamburg verschlagen, die sich hier bürgerliche Existenzen aufbauten, und die dann keineswegs erfolglos waren.

Die Hamburger wußten solche Leistungen immer zu schätzen. Sie hatten ja schon reichlich Erfahrungen mit Emigranten sammeln können. Zu Hunderten waren Hugenottenfamilien in die Stadt an der Elbe gekommen und hatten sich schnell an das Leben in der Hafen- und Handelsstadt gewöhnt. Und sie hatten das gesellschaftliche und kulturelle Leben auf eine in der alten Kaufmannsstadt als angenehm empfundene Weise bereichert.

Als die Französische Revolution schließlich ihre blutige Spur in die Weltgeschichte legte, kamen wiederum viele, aus politischer wie aus wirtschaftlicher Not. Und viele mußten in der Stadt mit weniger zufrieden sein als

»Jacob«-Gemälde aus der Biedermeierzeit

ihnen ihr eigenes Land vor dem Umbruch gegeben hatte. Ganz zu schweigen von dem gesellschaftlichen Status, den sie zwischen Alster und Elbe einnahmen. Der Wechsel der Dinge zeige sich selten von so auffallenden Seiten, notierte Johann Lorenz Meyer in seinen »Skizzen zu einem Gemälde von Hamburg«, wie in den jetzigen Geschäften und Gewerben von den vormaligen vornehmen Kasten in Frankreich, womit sie bei uns ihren täglichen Unterhalt verdienten. Nur wenige hatten aus den Trümmern ihres früheren Glücks so viel gerettet, um in unseren oder in holsteinischen Gegenden Grundstücke zu kaufen. Und die Rollen des bei weitem größeren Teils ehemaliger Privilegierter und »Betitelter« seien viel untergeordneter. Tatsächlich lebte hier ein ehemaliger französischer Bischof, der seinen Lebensunterhalt in einer Mehlfabrik in Ottensen verdiente.

Ein anderer Bischof war in einer Lohgerberei untergetaucht und betätigte sich dort als Unternehmer, was sicher nach den Maßstäben der meisten Hamburger ein respektabler Broterwerb war, was aber sicher nicht dem Stand eines hohen geistlichen Würdenträgers entsprach.

Ein »vormaliger General« wurde in der Stadt geortet, der sich – wofür man unter Kaufleuten nur Verachtung kannte – der Schriftstellerei verschrieben hatte. Er »übersetzte in seiner langen Muße« deutsche Werke in seine Muttersprache. Ein anderer General, dessen französische Uniform jetzt am Nagel hing, hatte sich »römischen Auguren gleich« auf das Wahrsagen verlegt, wovon sich auch in einer Stadt nüchternen Kaufmannsgeistes sicher ganz ordentlich leben ließ.

Auch C. C. Rainville, der Adjutant des Marschalls Dumouriez, war sich nicht zu fein, seine militärische Laufbahn aufzugeben und eines der später berühmtesten Restaurants an der Elbe zu eröffnen.

Welche Bedenken also hätten Herrn Jacob veranlassen können, uns seine Herkunft – wäre er wirklich von Adel gewesen – zu verschweigen?

Gesichert scheint, daß Daniel Louis Jacques in seiner Heimat, wenn auch nicht dem Adel zugehörig, zumindest die höfische Atmosphäre kennengelernt hatte und sich in ihr zu bewegen wußte. Schon die Profession eines »Kunstgärtners«, die ja des einflußreichen und finanziell potenten Auftraggebers bedurfte, hatte Monsieur Jacques zwangsläufig in die Nähe derer gebracht, die seiner Dienstleistung bedurften.

Als sich die Umwälzung in Frankreich zunächst noch schemenhaft, dann nach und nach deutlicher abzuzeichnen begann, als zwar noch kaum jemand in Paris an den Sturm der Bastille gedacht haben wird, aber Weitsichtige in der Seine-Metropole schon vieles für möglich hielten, muß Monsieur Jacques erkannt haben, daß es nicht mehr lange dauern würde, bis nicht nur bedrohliche Wolken einer aus den Fugen geratenen Zeit ihre dunklen Schatten über das Land werfen würden. Er wird gespürt haben, daß man für seine Kunst mit dem zwangsläufigen Verlust der Privilegien jener Schichten, die ihm sein Einkommen gesichert hatten, nur noch im begrenzten Umfang Verwendung haben würde. So hatte es Daniel Louis Jacques vorgezogen, sich in der Fremde nach einer neuen Lebensgrundlage umzusehen. Er fand – mündlicher Überlieferung zufolge – sie zunächst im Sächsischen. In Dresden stellte er sein unternehmerisches Talent auf die Probe, indem er ein Kaffeehaus eröffnete. Wenn es stimmt, war dies der erste noch zaghafte Schritt ins Gastronomische, der Monsieur Jacques bewogen haben mag, in diesem Berufsfeld die Möglichkeit seiner künftigen Existenz zu sehen. Nebenher soll er sich in Dresden intensiv mit der Pflanzenkunde beschäftigt und sich wohl auch in seinem alten Metier, der Kunstgärtnerei, auf dem laufenden gehalten haben.

Sein Umzug, der ihn über Berlin an die Elbe gebracht hatte, stand mit dieser, seiner ursprünglichen Berufung im Zusammenhang. Hamburg hatte zu diesem Zeitpunkt einen ausgeprägten Bedarf an landschaftsgärtnerischer Phantasie; denn die in Kaufmannschaft und Schiffahrt erfolgreichen großbürgerlichen Familien ließen sich gern englische und französische Gärten anlegen.

Die guten Dienste des »gescheuten Gastwirts Jacob«

Damit nicht der blühende Höhenzug auf dem Elbhang die Züge eines allzu friedlichen Paradiesgartens annehme, hatte die Vorsehung von Zeit zu Zeit mordbrennende und randalierende Horden vorbeigeschickt, die das spärliche Völkchen, das sich hier rund um seine gegen Ende den 13. Jahrhunderte erbaute Kirche angesiedelt hatte, auf dem Boden der Realität zurückholten. Die Realität – das waren in munterer Folge Eroberer und Befreier, die einen so lästig wie die anderen; denn die einen wie die anderen forderten ihre Kontributionen, verlangten einquartiert und aufs beste bewirtet zu werden.

Als Monsieur Jacques nach Nienstedten kam und sich bei Peter Godeffroy als Landschaftsgärtner verdingte, hatte der Landstrich jedoch gerade eine bemerkenswerte Zeitspanne relativer Ruhe hinter sich. Die Schrecken des Dreißigjährigen Krieges mit seinen wechselnden Fronten waren nur noch in den nach und nach verblassenden Geschichten wach, die man sich im Dorfkrug oder nach dem Kirchgang erzählte. Und auch die schwedischen und dänischen Truppen, die in der ersten Hälfte des 18. Jahrhunderts bis an das nördliche Elbufer vorgedrungen waren, hatten die Nienstedtener, wenn auch noch nicht aus der Erinnerung verdrängt, so doch als ein unerfreuliches Kapitel einer leidvollen Geschichte abgehakt.

Die Ruhe, die danach eingetreten war, hatte die erfolgreichen Kaufleute aus der nahegelegenen Stadt veranlaßt, ihre bis dahin überwiegend im östlichen Vorland angesiedelten Sommersitze nun auch immer häufiger in den »goldenen Westen« zu verlegen. Auch Peter Godeffroys Anwesen, für das Jacques den Garten gestalten durfte und auf diese Weise gleich einen guten Einstand und einen Beweis seiner Professionalität gab, war um diese Zeit entstanden.

Die Ansiedlung entlang des nördlichen Elbufers sollte sich als keine schlechte Investition erweisen.

Während viele der Kaufleute anfangs wohl mehr an die Möglichkeit der landwirtschaftlichen und gärtnerischen Nutzung gedacht hatten, wurden die Anwesen nach und nach zum Sommersitz der Familien.

Man war unter sich und in guter Gesellschaft. Viele der Familien, die das Leben der Oberschicht prägten, waren aus England in die Hansestadt an der Elbe gekommen und hatten solide Handelsunternehmen aufgebaut: Blacker, Thornton und Parish waren die wohl bekanntesten, die dem gesellschaftlichen Leben ihren Stempel aufprägten. Der Überfluß der Parishs wurde sogar sprichwörtlich; denn wenn die Hamburger einmal so recht praßten und viel Geld fürs Vergnügen ausgaben, nannten sie das »parischen«.

Unter den Niederländern waren Familien wie van der Smissen, Roosen und Brand an der Elbe in ihren Geschäften erfolgreich, und aus Frankreich hatten sich die Godeffroys hier niedergelassen und ein gewaltiges Geschäftsimperium aufgebaut, das den gesamten Südseehandel entwickelt und kontrolliert hat.

Peter Godeffroy hatte als Vierzigjähriger, kurz bevor sich Daniel Louis Jacob auf dem Elbhang etablierte, mehrere

L. Jacob, Nienstedten

Das »Jacob«-Anwesen von der Wasserseite her gesehen. Postkarte aus der Zeit der Jahrhundertwende

Grundstücke in Dockenhuden erworben und sie zu einem ansehnlichen Anwesen zusammenfassen lassen. Auf dem Nachbargelände des Mühlenbergs hatte sich sein Bruder Cesar niedergelassen, der im Familienclan das Sagen hatte. Zu ihrem Architekten bestimmten die beiden Godeffroys den erfolgreichen und in Hamburg sehr populären dänischen Architekten und Landesbaumeister Christian Frederic Hansen, der seine unverwechselbare Handschrift an mehreren repräsentativen Landhäusern entlang der Elbe hinterlassen hat.

Auf welche Art Peter Godeffroy mit Daniel Louis Jacob Bekanntschaft geschlossen hatte, ist nicht nachzuvollziehen. Vielleicht, so vermutet die Historikerin Alexandra Köhring, haben die Handelsverbindungen Godeffroys mit Sachsen eine Rolle gespielt, wo Daniel Louis Jacob ja seine ersten Erfahrungen

als Kaffeehausbesitzer gesammelt haben soll. Vielleicht aber hatte sich Jacob seinem Nachbarn aus Begeisterung für sein angestammtes Metier angedient, weil er in dem abfallenden Gelände zwischen dem hohen Elbuferrücken und dem Strand eine ungewohnte und reizvolle Herausforderung für seine landschaftsgestalterischen Fähigkeiten sah. Es spricht auch nichts gegen die Annahme, daß nachbarschaftliche Sympathie und das Bewußtsein gemeinsamer Wurzeln die beiden Männer zusammengeführt und zur Zusammenarbeit bewogen haben.

Die Aufgabe, vor die Daniel Louis Jacob gestellt war, beschreibt Alexandra Köhring so: »Das vom Landesbaumeister C. F. Hansen errichtete Landhaus ist in seiner Lage hoch über der Elbe auf Fernsicht ausgerichtet. Auf der Rückseite, der Elbseite, öffnet es sich mit einer Loggia zum Garten. Jacob stand vor der Aufgabe, eine harmonische Verbindung zwischen der Elbfront des Hauses und dem zur Elbe hin abfallenden Gelände zu schaffen. Die natürlichen Gegebenheiten boten sich für die Errichtung einen Landschaftsparks an. Dafür war der vorhandene Bewuchs zu lichten und ein Wegesystem anzulegen, welches das Terrain gemäß der zeitgenössischen Auffassung von einem Landschaftsgarten in abwechslungsreicher Abfolge von Aussichten und Ruhepunkten erschloß.«

Kurz nach der Fertigstellung des Bauwerks und der Parkanlage veröffentlichte Friedrich Theodor Nevermann einen später erweiterten »Almanach aller um Hamburg liegenden Gärten« und fand auch lobende Worte für die Arbeit des Landschaftsgärtners Jacob, dessen »Blumenparthien« Feinheit und Geschmack verrieten. Auch die nur kurze Zeit erscheinende Zeitschrift »Hamburg und Altona« bescheinigte dem Godeffroyschen Haus einen »trefflichen Blumenflor«. Jacob wurde auch mit den Anpflanzungen in Thierrys Park betraut, jener Gartenanlage, die später das »Weiße Haus« des Reeders Essberger einrahmte.

Noch ein weiteres Mal sollte sich Daniel Louis Jacob in seinem angestammten Beruf bewähren und Anerkennung finden, und wieder war es ein Nachbar: Markus Christian Köhnke, ein weit über Nienstedten hinaus bekannter Pädagoge, eröffnete nicht weit von der Wirtschaft Jacobs entfernt auf der Landseite der Chaussee das schon erwähnte Erziehungsinstitut für Jungen. Der zu dem Haus gehörige Garten war lange Zeit nicht gepflegt worden. Allerdings wartete hier eine Aufgabe auf Monsieur Jacques, die sich grundlegend von seinem landschaftsgärtnerischen Kunstwerk bei Peter Godeffroy unterschied: Auf 14 Morgen waren »treffliche Linden«, ein kleiner Tannenwald und ein dichter Bestand unterschiedlicher Obstbäume gewachsen. Was hier zu tun war, hat Köhnke später in seinen in Altona erschienenen »Erinnerungen aus meinem Leben nebst Bemerkungen über mancherlei Gegenstände« selbst zu Protokoll gegeben: »Die beiden Gärten mußten ... zu neuem, mehr und besser fruchtbringenden Gemüseland wie mit schönen Anlagen und reizenden Sitzplätzen umgeschaffen werden, wobei mir der verstorbene, freundliche und gescheute Gastwirt Jacob in Nienstedten, der früher ein sehr geschickter und weitgereister Kunstgärtner gewesen und zugleich ein guter Botaniker war, recht viel Dienste leistete.«

Jacobs Lindenterrasse

Als sich Daniel Louis Jacob mit professionellem Elan an die Arbeit machte, seinem kleinen Anwesen auf dem Elbhang eine unverkennbare gartenbauliche Identität zu geben, wird er kaum daran gedacht haben, daß er damit ein zukunftsträchtiges Nienstedtener Markenzeichen schaffen würde. Er wollte seinen Gästen einfach ein ansprechendes Plätzchen hoch über der Elbe anbieten, einen Kaffeegarten mit besonderem Flair.

Die Inspiration dazu holte er sich aus der klassischen Gartenbaukunst seiner französischen Heimat, wobei er durchaus offen war für zeitgenössische Strömungen, die sich an englischen Vorbildern orientierten.

Die wenigen schriftlichen und bildlichen Darstellungen, die aus dem frühen 19. Jahrhundert erhalten geblieben sind, vermitteln uns einen lebendigen Eindruck von dem gärtnerischen Kunstwerk, das Daniel Louis Jacob auf dem schmalen Plateau zwischen der Rückseite seines Hauses und der Uferböschung anlegte. Er entschied sich für eine zweiachsige Allee aus Linden. Linden wurden damals bevorzugt angepflanzt. Nicht nur, weil sie dem nördlich-rauhen Klima, dazu noch an einer Stelle, die dem Wind ausgesetzt ist, nach allen Erfahrungen gut widerstehen konnten. Für sie sprach auch ihre hohe Lebenserwartung, die bei mehreren hundert Jahren liegen soll, auch wenn kaum einer der Bäume dieses Alter tatsächlich erreicht.

Jacob legte die Baumreihen so an, daß sich die Kronen nach und nach zu einem ineinanderverflochtenen grünen Dach ausbreiten konnten. Zu diesem Zweck war es notwendig, den Unterteil der Kronen zu stutzen, während es ihnen Jacob ermöglichte – wie auf Stichen aus der Biedermeierzeit erkennbar ist –, sich nach oben hin frei zu entfalten.

Alexandra Köhring sieht in diesem Bestreben, in den natürlichen Wuchs der Bäume nur möglichst wenig korrigierend einzugreifen, eine Abkehr von der in früheren Zeiten üblichen Praxis, Gärten dieser Art geometrisch anzulegen und Laubengänge so zurechtzustutzen, daß sie als ein komplexes architektonisches System erscheinen. Es gab in Hamburg zu dieser Zeit schon einige Gartenrestaurants, die – wie das an der Außenalster gelegene »Alte Rabe« – allerdings nicht mehr dem sich wandelnden Zeitgeschmack entsprachen.

Daniel Louis Jacob, so wird berichtet, habe auf seiner Terrasse, für die sich bei den Gästen bald die Bezeichnung »Lindenterrasse« einbürgerte, ursprünglich fünf Baumreihen gepflanzt. Offenbar aber hatte er die dem Fluß zugewandten Bäume zu dicht an den Abhang gesetzt, dessen Ränder wenig stabil waren und den ständigen Angriffen von Regen und Wind nicht standhielten. So ist denn die vordere Lindenreihe abgerutscht. Eine Lithographie aus der Mitte des vergangenen Jahrhunderts, auf der Wilhelm Heuer eine festlich gestimmte vornehme Gesellschaft in feinstem Sonntagsstaat darstellt, zeigt bereits die auf vier Reihen reduzierte Terrasse.

Zum gärtnerischen Konzept der Anlage bemerkt Alexandra Köhring: »Die Anlage von parallel verlaufenden Alleen stammt noch aus der französi-

Die Gartenterrasse des Weinrestaurants Jacob. Darstellung von Prof. Friedrich Kallmorgen, um 1905

schen Gartenkunst: Alleen und Wandelgänge gehörten zum festen Bestandteil des geometrischen französischen Gartens, indem sie die Achsen der Anlage betonten, die Gartenteile erschlossen und miteinander verbanden. Zugleich dienten sie der perspektivischen Blicklenkung und hatten vor allem die praktische Funktion als Schattenspender. In der von England ausgehenden Diskussion um den Landschaftsgarten erhob sich in der zweiten Hälfte des 18. Jahrhunderts auch in Frankreich die Forderung nach mehr Natürlichkeit. In Gebäudenähe allerdings wurde der geometrische Stil beibehalten.«

An der Westseite seines Grundstücks hatte Daniel Louis Jacob einen kleinen runden Pavillon aufbauen lassen. Auch diese Anregung hatte er aus Frankreich mitgebracht; denn dort benutzte man solche zumeist sehr kunstvoll gestalteten Bauwerke als Blickfang am Ende von Alleen oder zur Akzentuierung von Schnittstellen mehrerer Sichtachsen. Pavillons, die ursprünglich Teil eines Schloßgartens waren, hatten sich nach und nach auch als Gartenhäuschen in bürgerlichen Gartenanlagen durchgesetzt. Auch die Engländer wußten solche Refugien in ihren Parks zu schätzen. Der Autor Christian Cay Lorenz hatte sie in seiner um 1780 erschienenen »Theorie der Gartenkunst« als »angenehme Zufluchtsörter« bezeichnet, »wohin man vor der Unbequemlichkeit der Witterung flieht, Plätze, wo man die Vergnügungen der Gesellschaft oder der Einsamkeit genießt«.

Welche Aufgabe Daniel Louis Jacob

seinem kleinen, von Büschen und Bäumen eingerahmten Pavillon zugedacht hatte, ist nicht überliefert. Vielleicht diente das Häuschen als »logistische« Station, wenn an Sommertagen Hochbetrieb auf der Lindenterrasse herrschte und die Bedienung kurze Wege brauchte. Vielleicht war es nichts weiter als ein schöngestalteter Geräteschuppen, in dem Jacob das Werkzeug für die Gartenpflege aufbewahrte. Auf jeden Fall aber war der Pavillon eine attraktive Landmarke auf dem Elbhang, die vom Fluß aus gut zu sehen war und das kleine Anwesen elbabwärts begrenzte.

Der Pavillon ist längst der Spitzhacke zum Opfer gefallen. Vermutlich hat man ihn um die Jahrhundertwende abgetragen, als er dem Anbau eines Festsaals optisch im Weg war.

Die Linden dagegen haben zumindest zum Teil überlebt. Dabei hat Jacob keineswegs davon ausgehen können, daß seine prächtigen Bäume noch zweihundert Jahre später Aufsehen erregen würden. Als erfahrener Landschaftsgärtner wird er gewußt haben, daß häufiges Beschneiden den Linden schaden würde, weil Wunden übrigbleiben, in denen Bakterien einen Fäulnisprozeß in Gang setzen können. Da auf der Terrasse außerdem immer eifrig Laub geharkt wurde, litten die Bäume nach Ansicht von Experten auch unter Nährstoffmangel und mußten seit der Gründung des Hauses Jacob immer wieder gegen jüngere oder gesündere Exemplare ausgetauscht werden.

Dieser Aspekt ist bei der Diskussion um die Restaurierung und Erweiterung des Jacob in jüngster Zeit bewußt oder aus Unkenntnis sträflich vernachlässigt worden. Mehr noch als die bauliche Gestaltung des unter Denkmalschutz stehenden Ensembles hat das »Markenzeichen« des Jacob die Gemüter nicht nur der Nienstedtener bewegt. Obwohl die neuen Eigentümer des Jacob von Anfang an unmißverständlich erklärt hatten, die Lindenterrasse so weit wie nur irgend möglich in ihrem ursprünglichen Zustand mit dem alten Baumbestand erhalten zu wollen, wurden Polemik geschürt und Verdächtigungen in die Auseinandersetzung geworfen, die sogar die Integrität anerkannter Gutachter wider besseres Wissen in Zweifel gezogen haben.

Dabei hat die Konzeption zur Sanierung der Lindenterrasse jeder objektiven Bewertung standgehalten. Schon frühzeitig hatten sich die Abgeordneten des Bezirksamtes »vor Ort« eingehend umgesehen und sich von dem Baumgutachter Gerd Bollmann über den Zustand der Linden informieren lassen. Nach dem übereinstimmenden Urteil zweier Sachverständiger waren zwölf der insgesamt 33 Linden nicht mehr zu retten. Diese Bäume hatten ein Alter zwischen 70 und 150 Jahren. Ihre Stämme waren aus verschiedenen Ursachen ausgehöhlt und gespalten, so daß die Standsicherheit nicht mehr gegeben war. Dies bedeutet: Für die Gäste auf der Lindenterrasse hätten die Bäume zu einer akuten Gefahr werden können. Darüber hinaus haben die Gutachter übereinstimmend festgestellt, daß das Kronenvolumen als Indiz für den Gesundheitszustand eines Baumes bei vielen der älteren Linden erheblich reduziert war. Es lag teilweise nur noch zwischen sieben und zehn Prozent. Zu wenig, um das überkommene optische Bild der Terrasse in die Zukunft zu transportieren.

Für den renommierten Gartenlandschaftsarchitekten Gundolf Eppinger, der mit der gärtnerischen Gestaltung des gesamten Areals betraut wurde, war der Beschluß, zwölf der Bäume zu fällen, eine fachlich und sachlich gebotene Entscheidung. »Es ging von Anfang an – und zwar unabhängig von den übrigen Baumaßnahmen – um die Erhaltung eines Landschaftsbildes und eines Kulturwertes. Ich bin froh, daß wir dieses wichtige Ziel erreicht haben.«

Die nicht überlebensfähigen Bäume wurden 1996 durch vorgezogene Solitärbäume aus der Nienstedtener Baumschule Lorenz von Ehren ersetzt. Obwohl auch einige andere Bäume des Bestandes zum Teil erhebliche Schäden aufwiesen, haben die Jacob-Eigentümer aufwendige baumpflegerische Maßnahmen im Kronen-, Stamm- und Wurzelbereich eingeleitet, um möglichst viel Substanz der alten Lindenterrasse zu retten.

Daß einzelne Bäume ausgewechselt werden mußten, ist für Gartenbauarchitekten nichts Ungewöhnliches. Das ist in der über zweihundertjährigen Geschichte des Hauses Jacob auch an dieser Stelle mehrfach geschehen. Fachleute sehen darin die einzige Chance, eine historische Gartenanlage wie die Lindenterrasse als »Gesamtkunstwerk« zu erhalten. Zur Beruhigung der übereifrigen Protestler sei gesagt, daß vermutlich keine der uralten Linden aus der Gründerzeit des Hauses stammen und von Daniel Louis Jacob persönlich gepflanzt wurden.

»Ein Garten ist etwas Lebendiges«, so Gundolf Eppinger, »und unterliegt damit ständigen Veränderungen. Im Gegensatz zu anderen Kunstwerken bleiben unsere niemals so, wie wir sie geschaffen haben. Die Natur arbeitet mit, sie ›bessert nach‹ oder verändert gelegentlich die Landschaft auch auf eigenwillige Art nach ihren eigenen Regeln, die nicht unbedingt unseren ästhetischen Maßstäben entsprechen. Das müssen wir nicht nur hinnehmen, sondern auch akzeptieren.«

Heute wissen wir, was vor einigen Jahren manche Kritiker nicht wahrhaben wollten: Die Erhaltung der Lindenterrasse und ihre Sanierung ist gelungen. Und mehr denn je sind alle Beteiligten sich darin einig, daß dieses Ziel jede Mühe wert war.

Nicht nur zur Ehre des Daniel Louis Jacob. Auch aus Respekt vor der Geschichte. Es gibt kaum einen anderen Ort entlang der Elbe, der uns so viel zu erzählen hätte wie dieses Plätzchen, das im Bewußtsein Nienstedtens einen so hohen Stellenwert hat!

Hamburgs Lebensader mit viel »Programm«

Die Möglichkeiten der Zerstreuung waren hier draußen, weit vor den Toren der Stadt, außerordentlich begrenzt. Der Blick über die Elbe war noch das Unterhaltsamste, was die Gegend zu bieten hatte. Auf seine Anziehungskraft hatte Monsieur Jacques ja auch von Anfang an spekuliert und aus diesem Grund seine »Lindenterrasse« anlegen lassen. Im Sommer, wenn sich die von Hamburg nicht allzu freundlich gesinnten Literaten herbeigeredeten »nordischen Eiswinde« für ein paar Wochen aus der Stadt zurückgezogen hatten, gab es während des ganzen Tages ein abwechslungsreiches Programm auf dem Fluß. Die Gäste auf der Lindenterrasse genossen ihren Logenplatz, an dem ihnen von adretten Serviermädchen mit Rüschenhaube und blütenweißer Schürze zum biedermeierlichen Fernsehprogramm über die Elbe hinweg erlesene Patisserien aufgetragen wurden.

Im Winter lag die Lindenterrasse verwaist auf dem Elbhang. Der Gästestrom, der sich nun in Richtung Nienstedten bewegte, um die triste Jahreszeit bei Jacob zu überbrücken, war reichlich ausgedünnt. Aber er war niemals ganz versiegt. Auch nicht bei ungünstigsten Witterungsbedingungen. Und mit denen mußte man immer rechnen. 1633, so berichtete Röding in seinem 1829 veröffentlichten »Denkbuch der Geschichte Hamburgs auf jeden Tag des Jahres«, habe der strenge Winter von Weihnachten bis Mitte März gedauert, und »von Hamburg bis Glückstadt war auf der Elbe sichere Schlittenfahrt.«

Zwar hatte die in strengen Wintern zugefrorene Elbe, die die Schiffahrt zu einem monatelangen Winterschlaf verurteilte, ihren Anspruch aufgegeben, die Lebensader der nahegelegenen Handelsmetropole zu sein. Aber sie bot den Besuchern bei Jacob doch noch mancherlei Erlebniswerte.

1845 berichteten die Zeitungen noch gegen Ende des Winters über ein so ungewöhnlich starkes Eistreiben, daß sich zwischen Nienstedten und Blankenese riesige Eisschollen übereinandertürmten wie eine bizarre Felsenlandschaft. Die Reeder der 160 größeren und kleineren Schiffe, die schon seit Wochen bei Cuxhaven gelegen hatten und »der freiwerdenden Passage mit Sehnsucht entgegengesehen hatten«, sollten nicht länger untätig ankern. Man könne nicht länger warten, schrieb die vielgelesene »Illustrirte Zeitung«, bis die Strahlen der Sonne die hohen Eisberge zerschmelzen würden, und es müsse nunmehr menschliche Kunst der säumigen Natur nachhelfen. So beschloß man, die Eisberge zu sprengen. Das geschah unter größter Anteilnahme des Publikums, das auf dem Rückweg gern bei Jacob einkehrte, um sich aufzuwärmen und sich davon zu überzeugen, welchen edlen Roten der Patron zur kalten Jahreszeit zu empfehlen hatte, sofern man sich nicht lieber für einen zünftigen Punsch entschied.

Solche vom Elbhang herunter zu beobachtenden Sprengungen waren ja nicht so leicht zu bewältigen. Jedenfalls schrieb eine Zeitung im April 1845: »Eine Menge Arbeiter unter Anführung des Ingenieurs Glau begab sich am Sonntag den 30. März an die bezeichnete Stelle, vermochte indeß nur wenig auszurichten. Am folgenden Montag und Dienstag wurden aber die Arbeiten unter Leitung des Major Burmester mit verstärkter Mannschaft und günstigerem Erfolg fortgesetzt. Ein während der Nacht gefallener warmer Regen hatte treffliche Dienste geleistet, und die Eisfestung war mit wahrhaft kriegerischer Kampflust erstürmt und gesprengt. Um drei Uhr nachmittags setzte sich die ungeheure Eismasse unter Kanonendonner und dem allgemeinen Jubel der Mannschaft wie der zahlreichen Zuschauer in Bewegung, um in dem Meere ihres Daseins Ziel zu finden.«

Ob die Hoffnung, der nächste Winter möge Hamburg von solchen »Nordpolseen« gnädigst verschonen, von allen Hamburgern geteilt wurde, ist keineswegs sicher. Denn wenn es um das Vergnügen ging, nahmen die Elbhanseaten von Zeit zu Zeit auch wirtschaftliche Nachteile in Kauf. Und die zugefrorene

Elbe bot allemal ein vergnügliches »reges hastiges Leben, das je mehr das Thermometer fällt, desto höher steigt«.

Wenn das Eis so dicht geworden war, daß nicht einmal mehr die Milchewer mit ihren malerischen roten Segeln hindurchkamen, wurde die Fläche an geeigneten Stellen durch aufgelegte Bretter gesichert, und es dauerte gar nicht lange, bis auch Zelte aufgebaut waren, in denen sich die Eisläufer bei Eierbier und Grog aufwärmen konnten. Für den Transport sorgten nach wie vor die Jollenführer, die findig genug waren, Kufen unter ihre Boote zu setzen und auf diese Weise den saisonbedingten Einnahmeausfall teilweise auszugleichen.

Gelegentlich ließen sich wohl auch Gäste, die zu Jacob wollten, auf diese Weise ein Stück elbabwärts bringen, bevor sie in einen bereitgestellten Kutschwagen umstiegen.

Wenn sie das Etablissement im nach-

»Nienstädten«: Lindenterrasse bei Jacob im Jahr 1854. (Wilhelm Heuer, Charles Fuchs, Carl Gassmann)

mittäglichen Dämmerlicht des Wintertages erreicht hatten, belebte sich die Eisfläche ganz plötzlich mit pelzbemützten Männern, die an ihren Gürteln große Tragetaschen befestigt hatten und deren mitgeführte Flinten keinen Zweifel daran ließen, was sie im Schilde führten:

»Die Waghälse … sind passionierte Jäger, die nach dem Blut und Fleisch der Enten lechzen und sich zu diesem Zweck zwischen kunstreich und mit viel Mühe aufgestellten Eisschollen häuslich niederlassen, und zwar an Stellen, wo der Strom ein Stück Wasser freihält. Hier fallen die Enten gern ein, und der Jäger würde hinter seiner Eiswand lieber zu einem monumentalen Eiszapfen zusammenfrieren, ehe er durch die kleinste Bewegung den vorsichtigen Enten sein Dasein anders als durch einen treffenden Schuß verriethe.«

Wer noch ein bißchen mehr Zeit mitgebracht hatte – und bei Jacob ließ sich ja trefflich die Zeit herumbringen – der konnte mit etwas Glück vom Elbhang herunter ein anderes Schauspiel erleben: Sobald die Wolken dem fahlen Mondlicht einmal erlaubten, sich über der glitzernden Eisfläche auszubreiten, konnte man Gestalten beobachten, die sich in Gruppen bis zu fünfzig oder sechzig Mann versammelten, einen kräftigen Schluck Rum oder Gin aus der Flasche nahmen und sich in den Schilfbrüchen am gegenüberliegenden Ufer versteckten. »Es sind dies«, belehrte ein Zeitungsreporter seine Leser um die Mitte des 19. Jahrhunderts, »hannoversche Schmuggler die, seitdem Hannover die Segnungen des Zollvereins (d. h. theuren Kaffee, Zucker, Wein sc) genießt, ein recht hübsches Geschäft machen, und den Erfinder des zollvereinlichen Anschlusses von Herzen für sein Werk danken; denn der einzige Vortheil, den einige Leute vom Beitritt zum Zollverein haben, ist der, welcher aus dem Schmuggel erwächst.«

Die Obrigkeit schien es gelassen zu nehmen, und wer die vermummten Gestalten beobachtete, wie sie alles, was diesseits der Elbe billiger zu bekommen war, in großen Bündeln und Taschen »ins Vaterland« schleppten, hatte daran sein offensichtliches Vergnügen.

Sonst aber gab es bei Jacob in der Winterzeit nicht allzu viel zu sehen, und der Patron hat sich mehr als einmal darüber beklagt, daß seine Umsätze in der dunklen Jahreszeit alles andere als zufriedenstellend seien.

Die Renaissance des Hotels und Restaurants Louis C. Jacob

Die Generalprobe geriet zur perfekten Premiere: 140 von der Eigentümerfamilie persönlich geladene Gäste tauchten erwartungsvoll und festlich gestimmt in eine Atmosphäre spannungsreicher Fröhlichkeit. Der Start des Hotels und Restaurants Louis C. Jacob in eine neue Zukunft, gewissermaßen die kleine Öffentlichkeitspremiere im Kreise wohlwollender Freunde, fand ein paar Tage später bei der offiziellen Eröffnungsfeier ihren Höhepunkt: Am 26. Januar 1996, stolze 205 Jahre, nachdem »Monsieur Jacques« an dieser Stelle zum ersten Mal Gäste bewirtet hatte, wurde an der Elbchaussee 401 ein neues Kapitel gesellschaftlichen und kulinarischen Lebens aufgeschlagen.

Beziehungsreich begann die neue Epoche des Genießens auf dem Nienstedtener Elbhang mit einer »Jacobsmuschel unter der Blätterteighaube«. Wo die Phantasie nach diesem kulinarischen Präludium noch einer Anregung bedurfte, half Robert Schumanns, von Fumi Kabayashi leidenschaftlich vorgetragene C-Dur-Fantasie eindrucksvoll nach. Gespicktes Zanderfilet auf bunten Linsen und ein für das gastronomische Konzept des Hauses programmatischer »Kleiner Eintopf von Fasan mit Perlgraupen« bauten die appetitanregende Brücke zum Hauptgang: »Rindermedaillon mit Markkruste auf Schalottensauce«.

Zuvor hatten Horst und Wera Rahe

Das Hotel und Restaurant Louis C. Jacob (Wasserseite) nach der Restaurierung und Erweiterung 1996

den Schlüssel ihres neuen Hotels und Restaurants an ihre Tochter Tanja als die Geschäftsführerin des neuen Jacob und an ihren Direktor Martin Schmidtmann übergeben. Albena Danailowa hatte das denkwürdige Ereignis mit zwei Sätzen aus einer Violinsonate von Eugen Ysaye musikalisch originell umrahmt. Hamburgs Erster Bürgermeister Henning Voscherau zollte der einzigartigen Hamburgensie der ihm anvertrauten Stadt die ihr gebührende Aufmerksamkeit: Fernab jener spröden Behäbigkeit, die man den Elbhanseaten so gern andichtet, gab er dem zu neuem Leben erweckten Traditionshaus mit der dänisch-preußisch-hamburgischen Vergangenheit seinen bürgermeisterlichen Segen mit auf den Weg in die neue Zukunft und versäumte nicht, unternehmerischer Risikobereitschaft und finanziellem Engagement für ein solches Werk seinen Respekt zu zollen.

Der kulinarische Spannungsbogen war auch an diesem Premierenabend überzeugend gesetzt. Dem »Vanillesoufflé mit Passionsfruchtsorbet und Salat von exotischen Früchten«, vom Patissier zu einem auch optisch reizvollen Farbenspiel voller Harmonie komponiert, folgte wiederum eine ungewöhnliche akustische Garnierung: Drei Lieder von Roger Quilter setzten den anspruchsvollen Auftakt zur feierlichen Präsentation der »Jacobstorte«, die künftig als besonderes Markenzeichen für einen Teil dessen stehen wird, was das Jacob ausmacht: dezent, mit aufregendem Aroma und von unverwechselbarem Charme!

Das Rezept der Jacobstorte bleibt allerdings das Geheimnis des Küchenchefs, so streng gehütet wie das der Sachertorte in Wien und des Lübecker Marzipans in Hamburgs Schwesterhansestadt.

Alle anderen Geheimnisse dieses Hauses, über die man sich besonders in Nienstedten während der Restaurierungsarbeiten auf der anderen Seite des Bauzauns manchmal eben so neugierig wie spekulativ seine Gedanken gemacht hatte, wurden an diesem Abend gelüftet. Die meisten der Gäste waren seit Jahren zum erstenmal wieder ins Jacob gekommen und nutzten die Gelegenheit, sich von der Wiedergeburt des vielgepriesenen Juwels auf dem Elbhang beeindrucken zu lassen.

Manches weckt Erinnerungen. Anderes lädt zur Neuentdeckung ein. Einiges reizt zum Widerspruch – ganz so, wie es vielleicht das Bekenntnis der Eigentümer zu ihrem Kunstkonzept für das Haus beabsichtigt. Nicht jeder Gast, der in das seiner Tradition verpflichtete neue Jacob kommt, wird sich vielleicht schon bei seiner ersten Begegnung den Kontrapunkten einer auf Gegensätzlichkeit angelegten Kunstpräsentation bedingungslos öffnen. Bernd Zimmers großflächige Farbkompositionen, deren Intensität das Landschaftszimmer mit noldescher Faszination ausfüllen, provozieren vielleicht den einen oder anderen Gast. Nicht, weil sie nicht alle Qualitätsnormen eines mit Bedacht entwickelten Kunstkonzepts erfüllten, wohl aber, weil man solche kraftvollen Ausdrucksformen hier nicht erwartet hätte.

Konventionelle Ansprüche befriedigt dagegen die Wohnhalle mit ihrer gediegenen, fast privaten Atmosphäre. Museale Qualität liebevoll vermittelt, Dielenbretter, die ihr Alter freimütig offenbaren, dazu ein in den Raum hineingebauter offener Kamin, der aus der Not eine Tugend macht: Seine Positionierung in der Halle ist durch die Bauweise des Hauses vorgegeben. Aber er wurde geschickt genutzt, um diesen

Das »Französische Zimmer« kann als Erweiterung für das Restaurant genutzt werden.

öffentlichsten aller öffentlichen Räume so aufzuteilen, daß dem Gast ein Gefühl wohltuender Intimität vermittelt wird.

Ein spätbarocker Eichenschrank, der unaufdringlich eine Sammlung Kopenhagener Porzellans zur Schau stellt, unterstreicht die historische Würde der Halle. Die neuzeitlichen Entwürfe der Polstermöbel mit den biedermeierlichen Stilelementen setzen einen optischen Spannungsbogen, wie ihn nur bewußt gestaltetes Nebeneinander von Altem und Neuem hervorzubringen vermag. Designerlampen verstreuen ihr wohnlich-warmes Licht und umgeben die Gemälde – die Wände sind in diesem Teil des Hauses bis auf wenige Ausnahmen den Malern des Hamburgischen Künstlerclubs von 1897 vorbehalten – mit einem Schleier des Geheimnisvollen: etwa Friedrich Kallmorgens winterliche Hafenszene an der Rückseite des Kamins, die dem Betrachter den Eindruck vermittelt, er müsse die gegen die Vorderwand des Fährdampfers schlagenden Eisschollen ächzen und stöhnen hören. Oder die von sattem Grün und einem erregenden Farbspiel aus Licht und Schatten beherrschte Waldszene von Thomas Herbst.

Daneben das Ergebnis dessen, was Ernst Eitner der beschaulichen Idylle an wildromantischer Urwüchsigkeit entgegenzusetzen hat: das zerklüftete Elbufer mit einer erdrückend wirkenden Vegetation, der allerdings ihre Bedrohlichkeit durch eine im Gestrüpp verirrte feenhafte Mädchengestalt genommen wird.

Oder Arthur Illies' 1915 entstandene »Allee in den Elbmarschen« – dies alles Ausdrucksformen einer Hamburger Künstlergeneration, deren Erfolge und Mißerfolge zwischen der Jahrhundert-

Das Restaurant Louis C. Jacob nach dem Umbau und der Restaurierung

wende und der »Machtübernahme« durch den Nationalsozialismus lagen; Bilder, die einen engen Bezug zur nahen Umgebung des Jacob haben, und die dennoch auch in diesem Anspruch nicht an das Glanzstück der Jacobschen Sammlung heranreichen: Max Liebermanns »Terrasse an der Elbe« spielt in dieser Halle die unbestrittene Starrolle, aber sie präsentiert sich ihrem Betrachter mit sympathischem Understatement und unverkennbarer Bescheidenheit. Dies alles ist eine kleine museale Erinnerungswelt, eine Galerie hamburgischen Kunstverständnisses, unprätentiös dargeboten und deshalb von erfrischender Unaufdringlichkeit.

Kontrastreicher Szenenwechsel: das Restaurant! Das alte eichene Fischgrätparkett ist effektvoll mit einem Teppich belegt. Mit dem Parkett wie auch der sorgfältig restaurierten Stuckdecke im Louis-Seize-Stil sind einige wesentliche Merkmale des alten Ballsaals erhalten geblieben. Der viereinhalb Meter hohe Raum unterstreicht die großzügige Eleganz des Entwurfs. Sorgfältig ausgewählte Blumenbouquets nehmen die Pastellfarben der Vorhänge auf.

Die ebenfalls aus dem alten Ballsaal geretteten (und erst beim Abriß wiederentdeckten) Wandgemälde versetzen den Betrachter gedanklich in die Jugendstilzeit um die Jahrhundertwende, in der die Künstler die Formensprache der klassischen japanischen Malerei neu belegt hatten. Die arkadischen Landschaftsszenen an den gegenüberliegenden Wänden bilden dazu einen reizvollen Kontrast. Mit Sicherheit sind sie an dieser Stelle mehr als nur ein dekoratives Element. Der Gast, der seine Phantasie an ihnen zur Entfaltung kommen läßt, fühlt sich in eine Welt lange zurückliegender mediterraner Schönheit entrückt – bis ihn der Blick durch die bis auf den Boden heruntergezogenen Fenster in das Hier und Heute zurückholt. Unter ihm liegt die winterliche Elbe, die ein in klirrender Kälte erstarrter Dunst zudeckt.

An schönen Frühlings- und Sommertagen wird die Mittagssonne das Restaurant durchfluten und es mit einer sanften Heiterkeit erfüllen, einer Heiterkeit, die von jeher das Wesen des Nienstedtener Elbhangs mitgeprägt hat.

Hier ist gut Speisen und gut Sitzen!

Die Restaurantstühle verbreiten mit ihren blaugestreiften Polsterbezügen biedermeierliches Flair. Und sie überraschen den Gast durch eine außerordentliche Bequemlichkeit, die – anders als hochgewachsene Menschen das oft in Restaurants erleiden müssen – nach langem »Probesitzen« auf das rechte körperfreundliche Maß gebracht wurden. Das ist es, was das Jacob neben vielem

anderen in den Rang des Besonderen erhebt: die bis ins Kleinste durchdachte gestalterische Perfektion, der kein Detail zu unbedeutend ist, um ihm nicht die volle Aufmerksamkeit zu widmen. Scheinbare Nebensächlichkeiten, liebevoll in den ihnen gebührenden Zusammenhang gestellt, begegnen dem Gast im Jacob, wohin er auch seinen Blick wendet. Etwa die holzgeschnitzte stilisierte Jacobsmuschel, die sich bogenförmig über die alte Tür des Restaurants spannt. Oder die uralten Beschläge der von Rissen übersäten ehrwürdigen Tür, die von der Bar aus auf die Lindenterrasse führt.

Auch der aus der Vergangenheit herübergerettete Ofen mit den handgemalten Kacheln – das Aufmerksamkeit einfordernde Schaustück in der Bar mit dem modernen, sachlich gestalteten Bartresen – gehört zu diesen bemer-

Das Biedermeierzimmer weckt bei vielen Stammgästen des Hauses Erinnerungen an Familienfeiern.

kenswerten Ausstattungsdetails, die besondere Akzente setzen. Auch im Französischen Zimmer ist es neben den Stukkaturen des Rokoko-Klassizismus der aus den zwanziger Jahren stammende Ofen, der dem Raum eine besondere Note gibt.

Das Gartenzimmer umfängt den Besucher mit vielseitig-bunter Blumenpracht, die Maler wie Ivo Hauptmann, Arthur Illies, Ernst Eitner und Joseph A. Fleck auf die Leinwand gezaubert haben.

Und das Dänische Zimmer erfüllt mit seinen anregenden Landschaftsdarstellungen seine Verpflichtung gegenüber einer immerhin bis vor 130 Jahren andauernden dänischen Geschichte des Jacob.

Der 1856 in Kopenhagen verstorbene Däne Johan Laurentz Jensen und Maler seiner Schule geben auch dem Biedermeierzimmer seinen besonderen Glanz. Dieses zur Legende gewordene Zimmer, das ganze Generationen von Hamburgern immer wieder für ihre Familienfeste »geordert« haben, liegt im ältesten Teil des Anwesens, der schon vor der Eröffnung der »Gastwirthschaft«, also vor 1791, bestanden hat.

Unter den liebevoll bemalten originalen Deckenbalken präsentiert sich das Biedermeierzimmer des Jacob in der ganzen Leichtigkeit seiner Formen, deren Künstler es sich leisten konnten,

auf überflüssiges schmückendes Beiwerk zu verzichten und statt dessen die Maserung des Mahagoni, Kirsch- oder Birkenholzes um so mehr zur Geltung zu bringen.

Nicht alles, was hier an originalem Interieur versammelt ist, stammt aus dem alten Jacob. Aber alles erfüllt die Kriterien einer Zeit, die auch ihren Handwerkern hohe Qualitätsstandards abverlangte. Auch der für eine größere, Tafelrunde ausgelegte Eßtisch – der aus mehreren Einzeltischen besteht – erfüllt diese Bedingung, wenngleich er das einzige Möbelstück des Biedermeierzimmers ist, das nicht »aus der Zeit« stammt.

Das Biedermeierzimmer verkörpert wie kein Raum sonst die Identität des alten Jacob, so wie es vielen Hamburgern in Erinnerung geblieben ist. Und es steht auch im technischen Sinn für das, was das neue Hotel und Restaurant Louis C. Jacob ausmacht: Der runde Kachelofen dient nicht nur der Dekoration. Die wohlige Wärme, die sich im Biedermeierzimmer verbreitet, bezieht er aus der Zentralheizung.

Die Ästhetik vergangener Zeiten und die Technik unserer Tage sind eine Verbindung eingegangen, die dem Gast alle Annehmlichkeiten bietet, ohne der schönsten Hamburgensie auf dem Elbhang ihren Charme zu nehmen.

Die Elbchaussee gerät zur »schönsten Straße der Welt«

Die »Staats- und Gelehrte Zeitung des Hamburgischen unpartheyischen Correspondenten« war eine im biedermeierlichen Hamburg vielgelesene Zeitung. So war es kein Zufall, daß Daniel Louis Jacob gerade sie als Medium wählte, um bekanntzumachen, daß er sich entschlossen habe, sein Geschäft an seinen Sohn Louis Jacob junior zu übergeben.

Die Zeitung druckte diese Bekanntmachung in ihrer Ausgabe vom 3. Januar 1826. Abgefaßt war der Text in dem für die Zeit typischen Kanzleistil, und es fehlte auch nicht jener Hauch von devoter Ansprache, der sich Gastronomen im Biedermeier gern bedienten.

Indem ich so frey bin, einem hochgeehrten Publicum ergebenst anzuzeigen: daß ich meine bisherige Wirthschaft, für dessen alleinige Rechnung übergeben habe, ermangele ich nicht, für das mir seit einer langen Reihe von Jahren gütigst bewiesene Wohlwollen meinen herzlichsten Dank abzustatten.

Sollte wider Vermuthen irgend Jemand gegründete Forderungen an mich zu haben vermeynen, so bitte ich, sich gefälligst bey mir zu melden und unverzügliche Zahlung entgegen zu nehmen.

Nienstädten, den 1sten Januar 1826.

Louis Jacob sen.

Unter Bezug auf die obige Anzeige meines Vaters bitte ich ein hochgeehrtes Publicum, das demselben so lange geschenkte Wohlwollen gütigst auch auf mich zu übertragen, und versichert zu seyn: daß ich es mir zur schuldigen Pflicht machen werde, Alles anzuwenden, mich selbigem würdig zu beweisen.

Louis Jacob jun.

Daß sich Jacob für seine geschäftlichen Mitteilungen – nicht nur bei der Geschäftsübergabe an seinen Sohn, sondern auch später bei der Fertigstellung der Elbchaussee – der Presse bediente, lag im Zug der Zeit. Auch andere Gastronomen nutzten die Anzeigenseiten der Zeitungen, um auf ihre »Etablissements« und deren besondere Leistungen aufmerksam zu machen. Im Juli 1828 wurde sogar erstmals eine Beilage zum »Hamburger Beobachter« gedruckt, die eine »Liste der angekommenen Fremden in Hamburg« enthielt. Solche »Fremdenliste« erschien künftig täglich, auch an Sonn- und Feiertagen. Außer dem Postenlauf, das heißt dem

Postausgang, wurden auch Theaterzettel und später »Wegweiser für Gäste« veröffentlicht.

Daraus läßt sich schließen, daß um diese Zeit den ersten Ansätzen des Fremdenverkehrs, der sich nicht mehr nur auf Geschäftsreisende, sondern auch auf Touristen bezog, zunehmend Aufmerksamkeit geschenkt wurde. Gastronomie und Hotellerie waren im besonderen Maße die Nutznießer dieser Entwicklung, und auch die größeren und qualitativ erwähnenswerten Lokale außerhalb der Stadt profitierten davon.

Nienstedten war um diese Zeit ein idyllischer Vorort der Hansestadt, der sich nur gemächlich entwickelte. Als Louis Daniel Jacob seine Wirtschaft eröffnete, zählte das Dorf ungefähr 350 Einwohner. Ein Dreivierteljahrhundert später hatte sich die Einwohnerzahl noch nicht einmal verdoppelt.

Nienstedten war ein weit von der Stadt abgelegenes Dorf, das nur mit großen Mühen erreicht werden konnte. Etwa zwei Stunden dauerte die Fahrt, aber der Zeitaufwand war nicht das lästigste an einem Ausflug über das hohe Elbufer nach Nienstedten. Die Fahrt galt als strapaziös, und man wußte nie, ob der Wagen durchhalten würde.

Das gefährlichste Stück des Wegs lag in der Niederung von Teufelsbrück.

Die Bezeichnung »Teufelsbrücke« soll schon auf das 14. Jahrhundert zurückgehen, als die Wege auf diesem zerklüfteten von uralten Riesenbäumen bestandenen Geestrücken noch so schlecht waren, daß immer wieder Wagen abstürzten. Was man dann dem armen Teufel in die Schuhe schob. Auch »Duwels Boomgarden« nannte man die Gegend, und der Name wurde später auf den Landungssteg übertragen, den man in die Elbe hineinbaute.

Nur weil es sich so gut anhört, und nicht um historischen Ansprüchen gerecht zu werden, sei die Geschichte des sonderbaren Namens erzählt, die dem Besitzer des früheren Park-Hotels Teufelsbrücke, in dem sich heute das phantastische Schiffahrtsmuseum von Peter Tamm befindet, die Urheberschaft für den furchterregenden Namen zuschreibt. Die Geschichte, die der Hamburger Heimatforscher Schlichting erzählt, hat zumindest eine authentische Ausgangsbasis und damit einen Hauch von Plausibilität und Glaubwürdigkeit:

Das Parkgelände, auf dem das Hotel stand, war teilweise morastig, und es war schwierig, an bestimmten Stellen festen Grund zu finden, um dort zu bauen. Der Besitzer des Park-Hotels, so hieß es, wollte eine Brücke über die Au gebaut haben. Ein Zimmermann aus Kopenhagen hatte den Auftrag wegen des sumpfigen Untergrundes bereits abgelehnt. Da trat ein junger Hamburger Handwerker auf den Plan und versprach – in Erwartung lukrativer Anschlußaufträge – die Brücke zu errichten. Aber auch er drohte zu scheitern; denn der Versuch schlug fehl. Und der Tag, an dem der Auftrag erfüllt sein mußte, rückte näher und näher.

So kam, was kommen mußte, weil sich in scheinbar ausweglosen Situationen als einzige Erklärungsmöglichkeit für das Unglaubliche ein Pakt mit den finsteren Mächten anbietet. »In dieser Not«, schreibt der Chronist, »saß der junge Mann eines Abends traurig und niedergeschlagen an der Baustätte auf dem behauenen und bereitliegenden Balkenwerk. Er wußte sich keinen Rat mehr, wie er sein Glück zimmern konnte; und gelang es ihm nicht, wie sollte er dann sein Feinsliebchen zur Ehe heimführen, wie er es sich erträumt hatte. Als er so in sich hineingrübelte, fühlte er, daß ihm jemand auf die Schulter klopfte. Als er erstaunt und erschreckt aufsah, war es der Teufel. In seiner Ratlosigkeit und äußersten Not schloß er mit ihm einen Vertrag: der Teufel sollte den sicheren Grund bauen; dafür aber sollte die Seele des ersten Fußgängers, der die Brücke überschritt, das war nach altem Brauch der Erbauer selbst, dem Satan gehören.

Nun ging alles nach Wunsch. In zwei Tagen stand die Brücke. Als sie vom Bauherrn abgenommen werden sollte, mischte sich der Teufel unter die zahlreichen Zuschauer, schon froh seines Lohnes. Da plötzlich schoß ein erschreckter Hase heran, der in voller Fahrt über die Brücke rannte. Damit war der junge Bauunternehmer von seinem Pakt erlöst, und der Teufel war der angeführte Teil. Fluchend stürzte er sich unter Qualm und Gestank in den Sumpf. Seitdem stinkt es so in dem Morast. Das Volk aber nennt die Brücke »Teufelsbrücke« und den Bach »Teufelsau.«

Soweit unser Gewährsmann, der Heimatforscher.

Ein schönes Happy End gab es für den jungen Baumeister, der für seinen Auftraggeber nun auch ein Landhaus bauen durfte und mit seiner Braut fröhlich Hochzeit feiern konnte. Der Haken an der Geschichte: Das Landhaus gab es schon.

Und der Name »Teufelsbrück« ist fast ein halbes Jahrtausend älter als der Bau des Park-Hotels Teufelsbrücke.

Aber was sind schon fünfhundert Jahre gegen eine gute Geschichte?

Bei Teufelsbrück, so klagten Reisende, war ein gefährliches Sandstück zu durchfahren, in dem manch eine fröhliche Ausflugsgesellschaft hängenblieb. Besonders in den Herbst- und Wintermonaten, wenn starker Regen die noch nicht befestigten Wege aufgeweicht hatte, ging es nur schleppend voran. Hinzu kam, daß sich die Mietkutschen, die überall in der Stadt und vor den Toren ihren Dienst anboten, nicht immer im allerbesten Zustand befanden. Aber sie waren in der Regel doch besser als die über Land fahrenden Postkutschen, die ein Reiseschriftsteller der Biedermeierzeit »Marter- und Klapperkästen« nannte; denn die Coupés saßen ohne Federn auf den Radachsen.

Viele der Jacob-Gäste waren wohlhabende Leute, die sich eine eigene Equipage leisten konnten. Aber auch, wer mit einer öffentlichen Kutsche vorfuhr, wurde zunehmend besser bedient. Die Hamburger, seit jeher in dem Ruf, ihren englischen Vettern nachzueifern, orientierten sich auch in der Wahl ihrer Kutschen an Vorbildern aus Großbritannien. 1824 wurden von dem Briten John Andly mehrere englische Landkutschen von der Themse an die Elbe gebracht, sogenannte »Stage Coaches«, an deren fortschrittlicher Technik sich die einheimischen Wagenbauer orientieren konnten. Die »englische Landkutsche« – von den Gebrüdern Suhr unmittelbar nach ihrer Ankunft in der Hansestadt im Bild festgehalten – hatte gegenüber anderen Fahrzeugen einen entscheidenden Vorteil: Sie war eine Kombination aus geschlossener Postkutsche und einem offenen Wagen, der bei den Briten »Break« hieß. Der halbrunde offene Teil hatte eine gewisse Ähnlichkeit mit dem um diese Zeit noch vielbenutzten offenen Gesellschaftswagen mit ovaler Sitzschale, den die Hamburger wegen dieser Form »Punschbowle« nannten.

In einem solchen Gesellschaftswagen hatten bis zu 19 Fahrgäste Platz. Die Wagen verkehrten regelmäßig zwischen Hamburg und Altona, aber sie fuhren bei Bedarf auch weiter elbabwärts oder in die Ausflugsgebiete der Vier- und Marschlande und in den Sachsenwald.

Mit dem Einsatz der Kutschen begann eine neue Ära des Verkehrswesens mit neuen Regeln. Ende 1824 wurde angeordnet, daß grundsätzlich rechts zu fahren und links zu überholen sei. Ein Jahr später gab es bereits eine Polizeiverordnung gegen zu schnelles Fahren.

Was einstweilen noch das schnelle Fahren verhinderte, war die schlecht befestigte Straße, die an Jacobs Wirtschaft vorbeiführte.

Fünf Jahre, nachdem Jacob II. das Zepter im väterlichen Betrieb übernommen hatte, schlossen sich Garten- und Landbesitzer in den Elbvororten zu einer Interessengemeinschaft zusammen. Sie wollten die Erlaubnis erwirken, den vorhandenen Weg zu einer »Kunststraße« auszubauen. Die Finanzierung ihres Vorhabens wollte die Interessengemeinschaft durch ein Chausseegeld sichern, das an einem Schlagbaum am heutigen Hohenzollernring erhoben wurde.

Ende 1830 war der alte Heerweg von Hamburg über Wedel in die holsteinischen Elbmarschen auf dem Teilstück zwischen Altona und Blankenese zur Elbchaussee ausgebaut. Daniel Louis Jacob hat den daraus resultierenden Verkehrszuwachs nicht mehr erleben können. Er starb am 3. Juni 1830 – fünf Jahre nach seiner sechs Jahre älteren Frau Maria Elisabeth.

Das Chausseegeld für die Elbchaussee, die der Dichter Detlev v. Liliencron später einmal die schönste Straße der Welt nennen wird, wurde nur an Sonn- und Feiertagen erhoben.

Bald darauf etablierten sich eine Reihe öffentlicher »Nahverkehrsbetriebe«. Die damals gebräuchlichen Pferde-Omnibusse verkehrten mehrmals täglich und beförderten nicht nur Personen, sondern auch kleine Frachtstücke.

Der Landverkehr über die Elbchaussee erhielt schließlich eine zumindest in den Sommermonaten ernstzunehmende Konkurrenz. Von den Landungsbrücken in der damaligen Vorstadt St. Pauli aus schipperten die Dampfer nach Blankenese.

Ob solche verbesserten Verkehrsverbindungen das Geschäft bei Jacob nachhaltig belebt haben, ist wegen fehlender kontinuierlicher Aufzeichnungen nicht genau auszumachen. Die Erfahrung spricht allerdings für eine solche Annahme; denn immer war es ja in der Wirtschaftsgeschichte der Ausbau des Straßensystems, der den Handel und mit ihm die Wirtshäuser und Herbergen zur Blüte kommen ließ.

Zwei Ausgabenbücher des Jahres 1847 und 1850, die sich heute im Besitz der Nienstedtener Familie Jürgen Zimmern befinden, lassen den Geschäftsverlauf über das Jahr erahnen. Die Gesamtausgaben des Jahres 1847, die sicher in Korrelation zu den Einnahmen stehen, werden mit genau 29 647 Mark veranschlagt. Der Löwenanteil, fast die Hälfte der Summe, wurde im Juni, Juli und August ausgegeben. Daraus ist zu schließen, daß die Geschäfte nach wie vor im Sommer am besten liefen, während die Monate Februar und März für Jacob immer noch die magersten waren.

Auch private Ausgaben wurden in feinster Sütterlinschrift vermerkt, wie beispielsweise »Louisens Ring 15 Mark« und »1 Hut für Carl«, der am Tag der Eintragung zwanzig Jahre alt war.

Daß bei den Jacobs so akribisch Buch geführt wurde, ist ein Indiz für eine wohlüberlegte Ausgabenplanung. Tatsächlich kann von Glanzzeiten für das

Haus Jacob erst in der zweiten Hälfte des 19. Jahrhunderts die Rede sein.

Bis in die vierziger Jahre hinein hatte das Jacob gegen eine etwas weiter elbaufwärts gelegene Konkurrenz einen schweren Stand: In Ottensen hatte ein paar Jahre nach Daniel Louis Jacob ein anderer Emigrant ein Landgasthaus eröffnet. César Rainville, Adjutant des französischen Generals Dumouriez, hatte sich in Altona niedergelassen und sich mit »Rainvilles Garten« die Zuneigung der Hamburger Gesellschaft erworben. Seit 1798 hatte er in seinem großzügig angelegten Gasthof im ehemaligen Landhaus Abbéma zum erstenmal Gäste bewirtet und sein Restaurant in kürzester Zeit zur bevorzugten Adresse gemacht. Ein halbes Jahrhundert später war aller Glanz verblaßt. Am Elbufer nahe der Stadt hatte um das Jahr 1840 eine technisch-industrielle Erschließung eingesetzt, die dem zuvor so romantischen Platz seinen Zauber genommen hatte. Die Jahre des Niedergangs waren damit gezählt. Als die Gäste bei Rainville ausblieben, meldete Jacob einen zunehmend besseren Geschäftsgang.

Zwar lag auf dem Weg auch noch das Park-Hotel Teufelsbrücke, in dem so illustre Persönlichkeiten wie Bismarck und der Maler Lenbach zu verkehren pflegten, aber die Glanzzeiten dieses Hauses – in dem heute das Marinewissenschaftliche Institut von Peter Tamm residiert – dauerten nur eine relativ kurze Zeitspanne.

Carl Louis Jacob (1797-1875) und seine Frau Elisabeth (1797-1854)

Von prickelnden Witwen und vertauschten Etiketten

Die Weinkennerschaft, die der Hugenotte Monsieur Jacques mit nach Hamburg gebracht hatte und in seinem Gasthaus auf hamburgische Bedürfnisse zugeschnitten kräftig pflegte, machten das Jacob zu einer allseits geschätzten Adresse.

Französische Weine galten in der Hansestadt an der Elbe längst nicht mehr als Exoten. Nach 1827 gab es sowohl in der Altstadt als auch in der damaligen Neustadt je einen Stadtweinkeller. Wein war aber zunächst noch das Getränk der vermögenden Bevölkerungsschichten gewesen. Der Historiker Ernst Finder schreibt:»Wein erscheint bei festlichen Veranstaltungen auf der Herrentafel, das niedere Volk macht sich bei solchen Gelegenheiten mit dem »Drunke«, d. i. sog. Mittelbier oder Tafelbier bescheiden.«

Im 15. und 16. Jahrhundert, so ist belegt, wurde der Kreis der Weintrinker größer. 1593 sprach der Rat seinem Ratsweinkeller, der knapp 60 Jahre zuvor eingerichtet worden war, das Monopol des Weinausschanks zu. Aber die Hamburger mochten solche Anordnungen nicht befolgen und schenkten nicht nur die schweren Südweine, sondern auch den in der Stadt bevorzugten »rhynschen win« weiterhin frei aus, wenn auch noch nicht nach Jahrgängen und Herkunftsgebieten unterschieden. So dürften denn auch Weine von der Mosel in Hamburg durchaus als »Rheinwein« auf den Tisch gekommen sein.

Die Elbhanseaten liebten den süßen Wein. Fiel der Wein einmal etwas sauer aus, wurde »nachgebessert«: Man setzte ihm Honig, Kräuter und orientalische Gewürze zu und nannte ihn dann »Ludderdranc«, was soviel bedeutet wie geläuterter Trank.

Auch der »franzsche Wein« wurde auf diese Weise verfeinert, vornehmlich der rote »Franzwein«. In einem Arzneibuch von 1669 ist sogar überliefert, was man ihm alles zusetzte:

Zimt, Kardamom, Nelkenköpfe, Muskatblüten, Ingwer, Paradieskörner, Safran, Zucker oder Honig. Weil solches Gebräu auch als Medizin verwendet wurde, nannten es die Hamburger »Yppokras«, was als Anspielung auf den griechischen Arzt Hippokrates zu verstehen war.

Mit dem Ende des 16. Jahrhunderts wurden hierzulande auch die französischen Weißweine getrunken. Je schlechter das Hamburger Bier im Laufe der Zeit wurde, desto mehr bevorzugte man Wein. In der Stadt hatte sich bald ein florierender Weinhandel entwickelt, den eine Weinbrüderschaft mit Amtsgerechtigkeit fest im Griff hatte. Dieser Weinhandel hatte mit der Zuwanderung von Hugenotten kräftige Impulse bekommen, die besonders den französischen Provenienzen zugute kamen.

Der französische Weißwein scheint um das Jahr 1700 in Hamburg sogar mehr getrunken worden zu sein als der rote Bordeaux.

Seit der Mitte des 18. Jahrhunderts trank man in der Hansestadt auch roten und weißen Schaumwein, der – ganz gleich, woher er kam – als »Champagner« bezeichnet wurde.

Was bei Jacob Champagner hieß, stammte wirklich aus der Landschaft im Ostteil des Pariser Beckens, wo nach Ansicht von Kennern der beste aller Schaumweine produziert wird.

Die Hausmarke bei Jacob war »Clicquot yellow label«, und der berühmteste aller Champagner hatte diese Stellung im Hause Jacob nicht zufällig: Madame Clicquot-Ponsardin, prominenteste aller Witwen, hatte anläßlich eines Hamburg-Besuchs bei Jacob Quartier genommen. Man war einander nähergekommen, und die Bekanntschaft hatte zu einer dauerhaften Geschäftsbeziehung geführt. Fortan war Jacob der einzige Gastronom in der Gegend, der seinen Champagner direkt aus den Kellern der Witwe bezog. Er war auch bereit, das edle Produkt jederzeit mit Nachdruck zu verteidigen, wenn einer seiner Gäste einmal Kritik anmeldete. Einem etwas blasierten Offizier, der die Frage gestellt hatte, ob man ihm denn gar keinen anderen Champagner anbieten könne als immer nur die »Witwe Clicquot«, antwortete Jacob knapp: »Mein Lieber, seien Sie froh, wenn Sie immer eine so prickelnde Witwe antreffen.«

Dem Gast leuchtete das ein, und er akzeptierte, was man ihm einschenkte.

Einem anderen Gast, der dieselbe Frage gestellt hatte, klopfte Jacob leutselig auf die Schulter und gab zu bedenken: »Mein guter Mann! Sei'n Sie man zufrieden, wenn Sie jeden Tag Clicquot kriegen!«

Tatsächlich ist der Strom des Edelgetränks aus der Champagne an der Elbchaussee 401 niemals versiegt. Wer solche Befürchtungen zu äußern wagte, wurde von Jacob zurechtgewiesen. Als ihn einer seiner Gäste aufforderte, Jacob solle noch ein paar Flaschen Clicquot kaltstellen, holte er sich eine Abfuhr nach Art des Hauses: »Trinken Sie etwa mehr als fünfzig Flaschen? So viele stehen bei mir *immer* kalt!«

Andererseits war das Haus Jacob in der zweiten und besonders in der dritten Generation nicht pingelig, wenn es darum ging, den Gästen nicht immer genau das zu kredenzen, was sie nach der Weinkarte bestellt hatten. Da soll es durchaus vorgekommen sein, daß man es mit den Etiketten für den »Rotlack« und den »Blaulack« nicht immer sehr genau nahm und durchaus mal einen Aufkleber vertauschte, was unter Umständen auf der Rechnung den doppelten Preis bedeutete.

Wenn sich ein Gast beklagte, weil er mit einem Wein nicht einverstanden war, nahm ihm Jacob mit gespielter Treuherzigkeit den Wind aus den Segeln. Als einmal ein offenkundiger Weinkenner dem Patron selbstbewußt sagte: »Mein lieber Herr Jacob, der Wein mundet mir aber gar nicht«, antwortete Jacob mit großer Geste: »Wissen Sie, mir schmeckt er ehrlich gesagt auch nicht. Aber irgend jemand muß ihn ja schließlich trinken!«

Originale mit flotten Sprüchen

Die höchste Sprosse auf der Leiter der Originalität erreichte in der jacobschen Ahnenreihe der dritte der Dynastie: der Günder-Enkel Louis Carl, der seinem treuherzigen, mit Mutterwitz gepaarten Humor an seinen Sohn weitergegeben hat. Beide haben den hamburgischen Anekdotenschatz um manch eine hübsche Geschichte bereichert. Dabei haben sie ihre Repliken auf gelegentliche Kritik ihrer Gäste mit so entwaffnendem Charme vorzutragen verstanden, daß man bei Jacob stets mit einem Augenzwinkern akzeptierte, was andernorts vielleicht als Beleidigung zurückgewiesen worden wäre.

Selbst wenn der alte Jacob im Unrecht war, fiel ihm immer noch etwas Passendes ein, um eine peinliche Situation zu retten. Einmal war einem Gourmet anstelle des bestellten Rheinsalms ein schlichter Steinbutt aus der Elbe vorgesetzt worden. Der Gast merkte das natürlich und zitierte den »Patron« an seinen Tisch. Jacob trat verlegen von einem Fuß auf den anderen und begegnete der Beschwerde mit der treuherzig-hanseatischen Bemerkung: »Ooch, 'n Steinbutt ist doch auch'n ganz schöner Fisch. Oder etwa nich?«

Dem war nichts entgegenzusetzen!

Auch das gehörte zur Tradition des Hauses: Einem Jacob widersprach man eigentlich nicht. Auch wenn er sich Verhaltensweisen erlaubte, die gegen alle Regeln guter Gastgeberschaft verstießen und die den Dozenten auf Hotelfachschulen die Haare zu Berge stehen lassen müssen.

Ein Zeitzeuge, der die dritte und vierte Jacob-Generation noch persönlich kennengelernt hatte, hielt eines seiner Erlebnisse 1950 schriftlich fest:

Man muß den alten Jacob erleben, um etwas erlebt zu haben. Ich hatte das Abenteuer. Wir kamen mit einigen Freunden, setzten uns in den Garten und bestellten bei Herrn Jacob Bowle. Ohne abzuwarten und ohne etwa den Kellner zu rufen, kam Jacob mit einer fix und fertigen Bowle aus dem Hause heraus. Wir ließen sie uns schmecken. Am anderen Ende des Gartens mauzten zwei Herren: »Wir sitzen hier nun über eine halbe Stunde und warten auf unsere Bowle. Da kommen neue Gäste und …« Weiter kamen sie nicht. Jacob war schon bei ihnen: »Meine Herrn! Sie kenne ich, wie Sie richtig sagten, erst eine halbe Stunde. Die Herren da drüben kenne ich schon als Schuljungens. Die sind schon mit ihren Eltern hierhergekommen. Wenn ich Sie so lange kenne, wie die Herren da drüben, dann bekommen Sie auch eine Bowle, die sich andere bestellt haben.« Und kategorisch fügte er hinzu: »… und nu is da auch keine mehr!«

Wer Jacob sympathisch war, der hatte schon mal gute Karten und durfte darauf hoffen, bevorzugt aber konspirativ abgefertigt zu werden. Als einmal im Frühjahr eine junge Dame für sie völlig überraschend die ersten frischen Erdbeeren auf den Tisch bekam und sie ihrer Freude darüber in der Art unserer hanseatischen Urgroßmütter allzu laut Ausdruck gab, zischte ihr Jacob erregt zu: »Swieg doch still, dumme Deern, de annern schullt dat doch nich weten!«

Aber auch bekannte Gesichter mußten – wenn es nicht anders in die Disposition des Hauses paßte – Nachteile in Kauf nehmen. Anläßlich eines Diners der »Chaine des Rotisseurs« mokierten sich die Gourmets über die schon eine Generation zurückliegende Praxis des Hauses: Die Stammgäste hätten sich längst daran gewöhnt, daß der Tage zuvor bestellte Tisch leider gerade eben von anderen besetzt worden war, und warteten geduldig auf das gleichfalls schon für einen bestimmten Zeitpunkt im voraus bestellte Essen.

Überhaupt scheint es bei Jacob immer in der einem erstklassigen Menü angemessenen Ruhe und Beschaulichkeit zugegangen zu sein, auch wenn das nicht nach jedermanns Geschmack war.

Erwin Garvens, der unermüdliche Anekdotensammler und gerngesehener Gast bei Jacob, hat diese Besonderheit des Hauses ironisch kommentiert:

Verheißungsvoll und beruhigend wirkte es, wenn man, die altertümliche Diele durchschreitend, die Mädchen in der schmucken Blankeneser Tracht eifrig beim Spargelschälen oder Erbsenpalen betraf – einerlei ob man sich dabei aus langjähriger Erfahrung klar wurde, daß diese noch im Stadium der Vorbereitung befindlichen Gerichte vermutlich für einen selbst vorgesehen und darum mit dem Beginn der ersehnten Mahlzeit vorderhand noch nicht zu rechnen sei. Denn was die Einhaltung getroffener Abreden anbelangte, hatten sich die Jacobs im Vollgefühl der Monopolstellung ihres Unternehmens allmählich eine – gelinde gesagt – Großzügigkeit angewöhnt, über die hinwegzusehen nur von nicht minder großzügig denkenden Stammgästen erwartet werden durfte.

Die von Erwin Garwens beschworene Monopolstellung auf dem Elbhang hat Jacob mancherlei Geschäftserfolge beschert. Natürlich freute er sich darüber; denn allzu oft hatte man ja in der Geschichte des Hauses erleben müssen, wie schwer wirtschaftliche Durststrecken zu überbrücken sind und wie sehr schicksalsbedingte Mißerfolge den Bestand eines Unternehmens gefährden können, wenn es nicht gelungen war, sich ein finanzielles Polster zu schaffen.

Wenn dann allerdings Schwung in die »Wirtschaft« kam und sich Jacob an schönen Sommertagen vor Publikumsandrang nicht mehr retten konnte, dann versuchte der Patron seine Freude darüber hanseatisch kühl zu überspielen. Einmal, so berichtet uns ein Gewährsmann aus den späten vierziger Jahren, habe er den Gastronomen jammernd in seinem völlig überfüllten Gartenlokal angetroffen, als er sehr verzweifelt ausgerufen habe: »Soviel fremde Menschen in meinem Hause – das ist ja schrecklich!«

Ein anderes Mal soll er sich gewundert haben: »Merkwürdig, was hier für Leute kommen.«

Gäste waren bei Jacob immer etwas sehr Persönliches. Wer als Fremder kam, sollte das Haus möglichst als Freund verlassen. Und die meisten blieben Freunde, auch wenn ihnen der alte Jacob manches zumutete, das man sich von keinem anderen Gastronomen hätte gefallen lassen.

Zu den oft erzählten Geschichten um das Jacob gehört eine Begebenheit aus jener Zeit, zu der man noch anspannen ließ und den weiten Weg von Hamburg nach Nienstedten mühevoll mit der Kutsche bewältigte. Als sich einmal einer seiner illustren Gäste, der offenbar zu Fuß gekommen war, über die Rechnungsposition »5 Mark für den Kutscher« beschwerte, obwohl er doch gar keinen Kutscher beschäftigte, hatte Jacob eine entwaffnende Antwort parat. Selbstbewußt rückte er die Jacke zurecht, nahm eine würdevolle Haltung an und sagte: »Mein Herr, meine Gäste haben immer einen Kutscher. Kutscher ist bei mir inklusive!«

Es liegt in der Natur von Anekdoten,

daß sie in ihrem Wesensgehalt über viele Generationen erhalten bleiben, auch wenn das schmückende Beiwerk von Zeit zu Zeit um Nuancen verfeinert wird. Zu der schlichten und treuherzigen, gleichwohl keinen Widerspruch duldenden Aussage »der Kutscher ist bei mir inklusive« erzählte man sich in der Familie eine erweiterte Version, die – selbst wenn sie im Wortlaut so nicht zu verifizieren ist – die ganze Schlitzohrigkeit des alten Jacob dokumentiert und in diesem Sinn doch mehr als nur einen Hauch von Wahrheit vermittelt. Getroffen hat die scheinbar naive Schlagfertigkeit des Patrons einen Hamburger, der zu Besuch auf einem benachbarten Landsitz weilte und mit seiner Frau auf einem kurzen Spaziergang zu Fuß herübergekommen war. Auf seine Reklamation des Rechnungspostens »5 Mark für den Kutscher« und den Vorhalt, er sei doch ohne Wagen gekommen, erwiderte Jacob mit perfekt vorgetäuschter Entrüstung: »Nicht möglich. Zu mir kommen sonst keine Leute ohne Kutscher. Aber, na gut sagen wir also 3 Mark!«

Sicher war es auch keine Übertreibung, wenn man dem alten Jacob nachsagte, daß Stammgäste pauschal die Hälfte von dem bezahlten, was andere Gäste sich den Spaß gemäß spezifizierter Rechnung kosten lassen mußten.

Solche anekdotischen Überlieferungen wurden durch scharfsinnige Beobachter relativiert, jedenfalls, soweit es den Verdacht zu widerlegen gilt, der alte Jacob habe sich durch allzu forsche Rechnungslegung unanständig bereichern wollen. Der Chronist des »Hamburger Anzeigers« rückte das Bild zurecht und gab ihm zugleich die höheren Weihen lokalen Gewohnheitsrechts, indem er schrieb: »Die Kosten wurden, der Einfachheit halber, in Bausch und Bogen berechnet, wobei meist die Gäste den Vorteil hatten. Wem diese alte Hamburger Sitte nicht paßte, der brauchte ja nicht bei Jacob zu essen.«

Verbürgt ist die Geschichte, nach der sich zwei Herren an der Theke noch einen Abschiedstrunk genehmigten; ein Glas Wasser der eine, einen uralten edlen Portwein der andere. Auf die Frage, was sie zu bezahlen hätten, kniff Jacob die Augen zusammen und rechnete schnell den Durchschnittspreis aus. Dann entschied er: »Stück 'n Mark!«

Mit sich handeln zu lassen gehörte von jeher zu den hervorragenden hanseatischen Tugenden, und die Reaktion des alten Jacob, der ja schon der Urenkel des Firmengründers war, liefert den Beweis mustergültiger Anpassung einer ursprünglich französischen Familie an die hamburgische Mentalität und elbhanseatische Befindlichkeiten.

Hamburgs »schöne Schwester« wird preußisch

Zwei Jahrhunderte lang war Schleswig-Holstein als »angegliedertes Herzogtum« mit Dänemark verbunden. Altona war nach Kopenhagen die größte Stadt im dänischen Gesamtstaat. Der dänische König war nach dem Landesrecht allerdings nur Herzog von Schleswig-Holstein, auch wenn er de facto die Regierungsgewalt innehatte.

Auf die Befestigung Altonas im Süden seines Reiches hatte der Dänenkönig verzichtet; denn durch den freien Zugang für alle Gewerbetreibenden, gleich welcher Religion, erhoffte er sich einen wirtschaftlichen Aufschwung und damit eine Verbesserung seiner Einnahmen. Besondere Vergünstigungen für Handel und Schiffahrt veranlaßten die Kauffahrer, den Altonaer Hafen bevorzugt anzulaufen. Die Oberelbe-Schiffahrt wurde durch die Zollfreiheit angelockt, und in Chroniken wird berichtet, wie oberelbische Schiffe Hamburg umfuhren und ihr Ziel über die Süderelbe ansteuerten. Der vollkommene »Bruch mit der auf Privilegierung gegründeten Wirtschaftsverfassung des Mittelalters« (Heinz Ramm) trug Früchte. Innerhalb eines halben Jahrhunderts stieg die Einwohnerzahl auf das Vierfache. Altona war damit auch der Bevölkerungszahl nach die zweitgrößte Stadt im dänischen Reich und in den Herzogtümern.

Sowohl Israeliten als auch Mennoniten und Reformierte waren willkommen. Als die Hugenotten durch das Edikt von Nantes aus ihrer Heimat vertrieben wurden, fanden sie an der Elbe Zuflucht. Hinzu kamen die Angehörigen einer Reihe von Sekten, die in Altona weitaus mehr Glaubensfreiheit in Anspruch nehmen konnten als in Hamburg.

Eine harte Bewährungsprobe hatte Altona zu bestehen gehabt, als während des zwanzig Jahre dauernden nordischen Krieges der schwedische Feldmarschall Graf von Stenbrock 1712 auch die Dänen in Holstein angriff. Bald darauf, Anfang Januar 1713, marschierte das schwedische Heer in die Region ein. Über zwei Drittel der Häuser wurden niedergebrannt, weil Altona die von den Schweden verlangten Kontributionszahlungen nicht aufbringen konnte.

Unter dem vom dänischen König eingesetzten Oberpräsidenten Graf Reventlow wurde die Stadt wieder aufgebaut, und gleichzeitig schnitt man mittelalterliche Zöpfe ab, soweit sie nicht schon vorher beseitigt waren. Zur Zoll- und Gewerbefreiheit kam die Zunftfreiheit und die Befreiung vom Waffendienst in der Bürgerwehr. Wer bestimmte Auflagen beim Bau neuer Häuser einhielt, wurde für eine lange Zeit von Abgaben befreit. Reventlow ließ repräsentative Terrassengärten am Elbhang anlegen. Das zerklüftete und von den Hamburgern als »wild« empfundene undurchdringliche Gelände wurde dadurch erstmals »kultiviert«.

Die Zeit nach dem Wiederaufbau Altonas nennen die Historiker das »Goldene Zeitalter«, das bis 1806 andauerte. Der Schiffbau auf drei Großwerften und der Walfang mit vierzig Schiffen gehörten zu den wichtigsten Wirtschaftszweigen. Industrien und Manufakturen blühten auf, darunter die exportorientierte Lohgerberei und Lederfabriken.

Außerdem hatte Reventlow den Hafen ausbauen und einen Fischmarkt anlegen lassen. Die Altonaer Flotte wuchs innerhalb der letzten zwanzig Jahre des 18. Jahrhunderts um das Dreifache.

Es ist keine Frage, daß die Landgemeinden am nördlichen Elbufer bis nach Blankenese von diesem Aufschwung profitierten.

»Die schöne Lage hoch über dem Elbufer«, schreibt der Chronist Heinz Ramm, »mußte auch in Hinsicht auf das Dorf Nienstedten das Interesse vermögender Stadtbürger wachrufen, so daß sie sich hier seit 1600 einkauften. Hier liegen die ersten Anfänge der Landsitzkultur an der Elbchaussee«.

Der rasante wirtschaftliche Wandel, wie ihn Oevelgönne und Neumühlen mit ihren aus deren Boden schießenden Betrieben wie Leimsiedereien und Tranbrennereien, einer Pulvermühle und einer Seidenfabrik erlebten, blieb Nienstedten erspart. Allerdings wurde unten am Strand 1743 die Nienstedtener Bootswerft errichtet. Der große Ansturm von Menschen aus der Stadt, die es in die Gegend von Nienstedten zog, setzte zu der Zeit ein, als auch Daniel Louis Jacques dort heimisch wurde: im ausgehenden 18. Jahrhundert.

Eine wesentliche Voraussetzung für den Zuzug von Städtern war der durch die Aufklärung in Gang gesetzte Prozeß der Agrarreform. Die mittelalterliche Wirtschaftsform, die im wesentlichen gemeinschaftsgebunden war, wurde aufgehoben. Die sogenannte »Allmende«, die Gemeindeweide, die von allen genutzt werden konnte, wurde in Eigentum aufgeteilt, und das private Ackerland wurde vom Flurzwang befreit und zu rentabel zu bewirtschaftenden Koppeln zusammengefaßt. Der Eigentümer konnte sein Land jetzt auch verkaufen, und so kam Bewegung ins Immobiliengeschäft. Der bereits erwähnte Heinz Ramm spricht von einer sich entfaltenden Blüte in der Landsitzkultur um 1800, die ihren Antrieb aus dem Zusammenklang von Prosperität, neu erwachtem Naturgefühl im Sinne Rousseaus und der zeitgenössischen englischen Dichtung, sowie dem Verlangen des gehobenen Bürgertums nach aufwendiger Lebensführung erhalten habe.

Die besten Architekten der Zeit – allen voran der Däne C. F. Hansen – trugen ihren Teil dazu bei, daß man die Elbchaussee mit ihrem einzigartigen Ausblick über den Fluß und das jenseitige Ufer hinweg in ganz unhanseatischer Übertreibung zu einem »Weltwunder« erhob.

»In den Landhäusern«, heißt es in der Chronik, »vereinigte sich die gelehrte und die kaufmännische Welt zu geselligen und geistigen Veranstaltungen. Bei Sieveking in Neumühlen kamen Wilhelm von Humboldt, Gleim, Basedow, Klopstock … ferner Reimarus, Unzer, Poel, Voght, u. a. zusammen.«

Die Französische Revolution hatte Altona zunächst einen wirtschaftlichen Aufschwung gebracht, wie man ihn bis dahin noch nicht erlebt hatte. Als Napoleon die Niederlande besetzte und dadurch der Rhein als wichtiger Wasserweg Mitteleuropas blockiert war, gewann die Elbe als Handelsweg plötzlich eine überragende Bedeutung. Dies änderte sich jedoch bald darauf wieder, als Napoleon die Kontinentalsperre verhängte und der Seehandel praktisch zum Erliegen kam. Nicht einmal mehr Steinkohle für die aufstrebende Industrie konnte aus England importiert werden.

Trotz des wirtschaftlichen Niedergangs ihres vorgeschobenen Postens vor den Toren Hamburgs saßen die

Dänen am nördlichen Elbufer fest im Sattel. Als am 6. August 1806 das Heilige Römische Reich deutscher Nation sein Leben aushauchte, traf der dänische König eine folgenschwere politische Entscheidung: »Das Herzogtum Holstein, die Herrschaft Pinneberg etc. und die Stadt Altona« sollten als Herzogtum Holstein künftig mit dem dänischen Gesamtstaat als dessen untrennbarer Bestandteil verbunden sein.

Die Geschichte verläuft manchmal anders, als es den Wünschen derer entspricht, die ihre Richtung zu bestimmen glauben. Unter Christian VII., der Schleswig-Holstein seinem Reich als Provinz eingliedern wollte, kam es 1848 zu Erhebungen gegen die dänisch-nationalen Bestrebungen. Darauf verschärfte Kopenhagen seinen politischen Druck, unter anderem durch eine neue Zollverordnung, die den Export Altonaer Waren nach Dänemark erschwerte.

Trotz solcher Erschwernisse waren die Lebenshaltungskosten in Altona immer noch niedriger als in Hamburg. Viele Arbeiter zogen deshalb in die Nachbarstadt, die einst als »Hamburgs schöne Schwester« gepriesen worden war. Auf diese Weise wuchs Altona immer enger mit der mächtigen Nachbarstadt zusammen, und es war nur eine Frage der Zeit, bis ein Zusammenschluß unausweichlich werden wurde.

Zunächst aber führten die wachsenden nationalen Spannungen 1864 zum Deutsch-Dänischen Krieg. Als Folge dieser Auseinandersetzung kamen Schleswig unter preußische und Altona zusammen mit dem Herzogtum Holstein 1865 unter österreichische Verwaltung. Als ein Jahr darauf Österreich im Deutschen Krieg unterlag, wurde Schleswig-Holstein zur preußischen Provinz.

Oben Picknicks – unten nasse Füße

Als sich auch die Nienstedtener nach kurzem österreichischen Zwischenspiel an neue Landesherren gewöhnen mußten, war Carl Louis Jacob 69 Jahre alt, und sein Sohn Louis Carl Jacob ging auf die Vierzig zu. Ein Generationswechsel war angezeigt.

Jacob III. hatte schon früh an der Entwicklung des großväterlichen Geschäfts Anteil genommen. Er war von schneller Auffassungsgabe, glaubte sich eine Zeitlang mehr für eine akademische Laufbahn geeignet und entschied sich schließlich doch für die Gastronomie. Sicher war er damit nicht nur der Familienräson gefolgt, sondern auch einem gewissen Gespür für Familientradition. Auch in der zweiten Hälfte des 19. Jahrhunderts galt schon, was der spätere Altonaer Bausenator Gustav Oelsner über das Jacob so formulierte: »In dem alten Gasthof lebt der ganze Charme der Tradition.« Auch in Reiseführern wurde die »sehr reizend liegende und wohleingerichtete Wirthschaft« erwähnt, gleichwohl aber über die an Sonn- und Feiertagen gehaltene Table d'hôte auf ein hohes Preisniveau angespielt. Man speise etwas teurer, hieß es, »aber doch gewiß in und um Hamburg am delicatesten«.

Damit die Tradition des Hauses jederzeit gut dokumentiert werden konnte, hat die Familie neben kuriosen Erinnerungsstücken – wie den Eisensplitter, durch den Nicolaus Paridom Burmester zu Tode gekommen war – auch handgeschriebene Speisezettel aufbewahrt, an denen sich die jeweiligen Nachfolger orientieren konnten. Einige wenige dieser Zettel gibt es noch heute. Ihnen ist zu entnehmen, daß den Schwerpunkt des Speisenangebots die sehr hamburgischen Zubereitungen von »Ossenbraden« und als Dessert vielfältige Puddings bildeten.

Was die Form des Speisens betrifft, so ist auch von Picknicks die Rede, worunter man anfangs gemeinsame Essen verstand, zu denen jeder einen Teil beisteuerte. Erst gegen Ende des vergangenen Jahrhunderts erhielt das Wort seine heutige Bedeutung des Essens im Freien. Bei Jacob fanden solche Picknicks selbstverständlich auf der Lindenterrasse statt.

Allein schon der hohe Unterhaltungswert, der mit fortschreitender Technisierung des Schiffsverkehrs zunahm, machte die Picknicks zu einem erlebnisreichen Ereignis. Auf spektakuläre Veranstaltungen wie öffentliche Bälle und Maskeraden oder gar große Feuerwerke, wie sie auf dem Süllberg, im Blankeneser Fährhaus und in dessen Glanzzeit bei Rainville das Publikum anlockten, haben die Jacobs offenkundig verzichtet. Hätte es solche Feste gegeben, würden sie uns unsere urgroßväterlichen Gesellschaftsreporter nicht verschwiegen haben.

Das Jacob sprach mit seiner Lindenterrasse für sich selbst und bedurfte keiner gesellschaftlichen Schnörkel. Entschädigt wurden die Gäste für solchen Verzicht durch mancherlei aufregende Ereignisse, die ganz Hamburg auf die Beine brachten und für die die Lindenterrasse die besten Logenplätze bereithielt.

So war es gewesen, als 1816 die »Lady of the Lake« als erstes Dampfschiff die

Elbe heraufgeschnauft war; so war es, wenn die großen rahgetakelten Windjammer mit stolzgeblähten Segeln nach Hamburg fuhren. Und so war es, wenn Staatskonvois angekündigt waren.

Langweilig war es nie, was sich auf der Lindenterrasse erleben ließ. Es gab amüsante Ereignisse, von denen ganz Hamburg sprach, und die auch den Gästen bei Jacob reichlich Gesprächsstoff boten. Zum Beispiel der Besuch König Wilhelms I. von Preußen im September 1868. Seine Majestät hatte sich zu einer Lustfahrt auf der Unterelbe eingeschifft, und der Hapag-Dampfer »Hammonia« brachte den illustren Gast elbabwärts bis nach Blankenese. Es regnete in Strömen, und es kamen immer wieder Sturzbäche vom Himmel, als Wilhelm die Rückfahrt vom Anleger unterhalb des »prachtvoll illuminierten« Süllbergs antrat. Dabei aber passierte dem sonst so versierten Kapitän der »Hammonia« ein Mißgeschick. Zwischen Blankenese und Teufelsbrück blieb er unterhalb Nienstedtens mit seiner königlichen Fracht auf dem Grund hängen, und der Lustdampfer bewegte sich weder vor noch zurück. So blieb dem Hapag-Direktor Adolph Godeffroy, der den König natürlich begleitet hatte, nichts anderes übrig, als das Angebot eines Kaufmanns anzunehmen, der mit einem winzigen Schlepper neben der »Hammonia« hergefahren war, und der sich nun erbot, für den »Rücktransport« des königlichen Gastes zu sorgen.

Senator Kirchenpauer, der ebenfalls zur offiziellen Begleitung des Monarchen gehörte, berichtete später, man habe »ganz tief unten ein ganz kleines Tügboot« liegen gesehen, zu dem eine unabsehbar lange Schiffsleiter heruntergeführt habe. Über ihre schlüpfrigen Sprossen sei der immerhin schon 71jäh-

Werbeblatt für das »Jacob« im 19. Jahrhundert

rige König hinabgestiegen, und der Monarch habe sogar noch die ob des Vorfalls reichlich zerknirschten Honoratioren der Stadt getröstet und mit der Bemerkung aufgemuntert, er dürfe nun beim besten Willen nicht noch einmal nasse Füße bekommen; denn er habe seine Socken bereits wechseln müssen und kein drittes Paar im königlichen Reisegepäck.

Was aber den wirklichen Gesprächsstoff auch für die Zaungäste oben auf dem Elbhang bei Jacob ausmachen sollte, stand der herrschaftlichen Reisegesellschaft noch bevor. Der Ewerführer Maack, der den Schlepper steuerte, wollte es dem König so bequem wie möglich machen und steuerte einen günstig gelegenen, aber für einen kleinen Schlepper nicht konzessionierten Ponton an. Der Brückenwärter wollte ihn deshalb nicht festmachen lassen. Und dabei hatte sich dann der denkwürdige Dialog entwickelt:

»Du kannst hier nich fastmooken«, rief der Brückenwärter bestimmt zum Schlepper herüber.

»Dat mutt. Wi hebbt doch den Keunig an Bord!«, rief Ewerführer Maack zurück.

Darauf der pflichtbewußte Brückenwärter: »Mors mit dien Keunig! Du geheurst an de Ossenbrüch!«

Als man sich endlich verständigt hatte und der Wachhabende großmütig einwilligte, fiel noch bei all der Aufregung der Lohndiener von Senator Hayn ins Wasser und mußte vor den Augen Seiner Majestät herausgezogen werden. Auch die geplante Soiree im Hause eines Senators mußte angesichts der strandungsbedingten Verspätung von etwa zwei Stunden ausfallen.

So war Hamburgs Gesellschaft durch die Unachtsamkeit eines Hapag-Kapitäns um einen großen Auftritt gebracht worden. Aber zwischen Alster und Elbe hatten die Zaungäste des Ereignisses lange Zeit amüsanten Gesprächsstoff. Und bei Jacob konnte man sagen: »Passiert ist es unterhalb unserer Terrasse! Und amüsiert haben wir uns auch!«

Herausforderung für Ingenieure

Diese phantastische Landschaft, die Dichter ins Schwärmen geraten läßt, die Bauingenieure ihren trotzigen Zunftspruch zitieren läßt »dem Inschenör« sei »nichts zu schwör«, und die Bauherren zu der Erkenntnis bringt, an anderer Stelle hätten sie ihr Werk weitaus kostengünstiger in Szene setzen können – diese Landschaft verdankt ihre Geburt der letzten Eiszeit vor rund 18 000 Jahren. Damals bildeten gewaltige Gletscher den baltischen Höhenrücken von Ostholstein über Mecklenburg und Ostpreußen bis zum Baltikum. Ein mächtiger Schmelzwasserstrom drängte nach Nordwesten und durchbrach auf seinem Weg zur Nordsee den Höhenzug zwischen dem heutigen Blankenese und Harburg und schuf auf diese Weise einen breiten Taleinschnitt.

Als die Wärmezeit einsetzte und das Eis nach und nach zum Rückzug zwang, entstand die Elbe, die in den folgenden Jahrtausenden des Alluviums zu einem reißenden Urweltstrom anschwoll. Danach erlebte die Erde einen dramatischen Anstieg ihrer Weltmeere. Der Elbmündungstrichter füllte sich und ließ Marschen wie die vor Wedel und das Alte Land entstehen. Auch vor dem Höhenzug am nördlichen Elbufer, dem Geestrücken, lag auf der Höhe des Süllbergs ein Schwemmlandgürtel, der durch ein »großes Fleet« vom Festland getrennt war. Erst im 16. Jahrhundert wurden die Schlammassen vom Strom fortgespült.

Das Steilufer, das schönste »Naturereignis«, das die Eiszeit der Landschaft beschert hatte, in der später einmal die kleine Ansiedlung »Hammaburg« entstehen sollte, war immer wieder den zerstörerischen Angriffen der Elbe ausgesetzt. Dies war vor allem auch eine Folge menschlicher Eingriffe in den Stromverlauf. Seit 1570 hatten die Hamburger emsig daran gearbeitet, den Hauptstrom in den Nordarm der Elbe zu lenken, was die Natur so nicht vorgesehen hatte. Dabei war den Elbhanseaten jeder Trick recht gewesen. Von dem Flensburger Maler Melchior Lorichs hatten sie sogar eine Elbkarte anfertigen lassen, die ihren Rechtsstandpunkt vor dem Reichsgericht erfolgreich untermauerte. Dieser Prozeß war gegen Hamburg geführt worden, weil die Veränderungen am Flußbett den Harburgern förmlich das Wasser abgruben und die Herzöge von Lüneburg zu recht fürchteten, ihre Schiffahrt werde ins Hintertreffen geraten.

Dank des »Beweismittels« der Lorich'schen Elbkarte – die Hamburg die immense Summe von 580 Mark gekostet hatte – entwickelte sich Hamburg nach und nach zu einer erfolgreichen Hafenstadt. Rigoros machte man sich an die Arbeit, das Fahrwasser unterhalb der Stadtmauern zu vertiefen. Die Elbe honorierte den Eingriff damit, daß sie ihr Bett zwischen Altona und Wedel verbreiterte. Das war gut für die Schiffahrt, aber es hatte Konsequenzen für die dort lebenden Menschen; denn das Steilufer war den Angriffen des Stroms ausgeliefert und wurde zwischen Oevelgönne und Blankenese auf weiten Strecken abgetragen. Die Bewohner der Elbhöhe wurden dadurch immer wieder gezwungen, ihre Wohnsitze zu verlassen und weiter ins Binnenland zu ziehen. Auch die Verlegung der aus dem 13. Jahrhundert stammenden Nienstedtener Kirche und ihres Friedhofs kurz vor dem Ausbruch des Dreißigjährigen Krieges ist in diesem Zusammenhang zu sehen.

Das Archiv für Deutsche Heimatpflege hat 1967 auf einen anderen Umstand hingewiesen, der den Bestand des Ufers gefährdete: »Zum Einsturz des Elbhangs hatte auch der Raubbau am schützenden Baumbestand beigetragen. Als um 1860 der Garten des berühmten Ausflugslokals Rainville in Ottensen parzelliert und gerodet wurde, geriet das ganze Gelände ins Gleiten.«

Im Laufe der Jahrhunderte – dies erweist sich heute als zusätzliches Problem – ist die natürliche Ausbildung des Elbhangs an vielen Stellen durch Aufschüttungen künstlich verändert worden. Solche Aufschüttungen neigen dazu, auf der Linie des ursprünglichen Böschungsverlaufs abzurutschen. Auch die alten Jacob-Gebäude sind innerhalb der rutschgefährdeten Auffüllung des Elbhangs gegründet. Es war deshalb erforderlich, bei der Umgestaltung der Gesamtanlage den Bau durch aufwendige ingenieurtechnische Maßnahmen zu sichern.

Die Hamburger Ingenieurgesellschaft Sellhorn hat die geologischen Formationen im Bereich des Hauses Louis C. Jacob eingehend untersucht und die Vorschläge für die dauerhafte Sicherung des Elbhangs erarbeitet. Dabei ging es im wesentlichen um zwei Maßnahmen:

Alle alten und neuen Bauteile wurden unterhalb der ausgefüllten Schichten im standfesten Boden verankert. Die neue Gründungsebene liegt deshalb gegenüber der bisherigen um vier Meter tiefer.

In den Boden wurde eine Bohrpfahlgründung mit rückwärtiger Verankerung unter der Elbchaussee eingebaut. Dadurch konnten die oberflächennahen Bodenschichten dauerhaft stabilisiert werden. Außerdem wurde durch diese Maßnahme die Lastübertragung von der Elbchaussee auf die neu errichteten Bauteile an der Wasserseite vermieden.

Mit einem Elektronenrechner durchgeführte bodenmechanische Untersuchungen belegen, daß mit diesen Maßnahmen nicht nur eine bessere Standsicherheit des neuen Bauwerks, sondern auch seines Umfeldes erreicht wurde.

Um die Bohrpfahlwand zwischen den neuen Gebäuden und der Elbchaussee errichten zu können, mußten fast alle öffentlichen Leitungssysteme verlegt werden. Diese Arbeiten dauerten bis Mitte Dezember 1994. Dann erst konnte mit den eigentlichen Bauarbeiten begonnen werden.

Stützgerüste für die denkmalgeschützten Fassaden während des Umbaus. Die Arbeiten auf dem Elbhang waren eine ingenieurtechnische Meisterleistung.

Ein Gartenhaus und ein Pferdestall mit 36 Plätzen

Zwei Jahre nach dem Ende des deutsch-französischen Krieges hatte die dritte Jacob-Generation das Haus übernommen. Es war eine Zeit der Neuorientierung, in der sich auch die Rahmenbedingungen, unter denen ein gastronomischer Betrieb zu führen war, erheblich gewandelt hatten.

Zuvor ist im Jacob noch ein Stück Geschichte geschrieben worden: Die letzte Unterredung zwischen dem Prinzen Friedrich Carl und dem österreichischen General von Gallwitz soll bei Jacob stattgefunden haben. Wenige Tage später begannen die Feindseligkeiten des Krieges von 1866.

Am 24. Januar 1867 waren Altona und die Elbvororte preußisch geworden. Das Ende der Dänenherrschaft hatte weitreichende Konsequenzen, die das Leben der Menschen veränderten: Preußen führte die allgemeine Wehrpflicht ein, und Justiz und Verwaltung wurden getrennt. Was aber den größten Einfluß auf die Alltagsgeschäfte hatte, war die Freizügigkeit, die Preußen gewährte, und es war die Einführung eines neuen Steuersystems, das übersichtlicher, aber besonders für kleinere Gewerbebetriebe gewöhnungsbedürftig war.

Im übrigen war Nienstedten nach wie vor ein verschlafenes Dorf, in dem die Uhren langsamer zu gehen schienen. Aber die Stadt mit all ihren Vorteilen für die Wirtschaft und ihren Nachteilen für erholungsuchende Menschen rückte näher. Das nahegelegene Ottensen wurde vier Monate nach dem Ende des Krieges unter Einschluß Neumühlens zur Stadt erhoben. Seinen Aufstieg von einem Manufakturplatz mit dörflichem Charakter zu einem wichtigen norddeutschen Industriestandort verdankt Ottensen seinen die industrielle Entwicklung begünstigenden Zollvorteilen. Nachdem Dänemark Altona als seinem einst so sehr geförderten vorgeschobenen Posten an der Elbe 1853 die bis dahin gewährten Zollprivilegien entzogen hatte, zogen es viele Fabrikanten vor, in das benachbarte Ottensen abzuwandern und dort ihre wirtschaftlichen Vorteile zu suchen. Als Ottensen dann 1867 Teil des Deutschen Zollvereins wurde, während Altona und Hamburg Zollausland blieben, gab dies der noch jungen Stadt erneut wirtschaftlichen Auftrieb. Die Bevölkerungszahl schoß in die Höhe; Arbeit fanden die Menschen in der Tabakverarbeitung, in Textil- und Baumwollfabriken, in Glashütten, in der Eisengießerei und in Maschinenfabriken.

Das Jahr 1867 war für die Elbvororte auch unter dem Aspekt der verkehrstechnischen Erschließung ein wichtiges Datum. Für die neue Eisenbahnlinie Altona–Blankenese auf der Trasse der heutigen S-Bahn war in Klein Flottbek eine Station eingerichtet worden. Von dort aus war die Elbchaussee nach damaligen Maßstäben für Ausflügler leicht und schnell erreichbar.

Das Jacob hatte um diese Zeit einen Bekanntheitsgrad, der das Haus einigen Reiseführern zufolge in den Ruf von »Sehenswürdigkeiten« erhob. In den um die Mitte des 19. Jahrhunderts in Hamburg und Altona gedruckten Adreßbüchern fand es Erwähnung unter der Überschrift »Andeutungen über Lustörter und Wirthhäuser in der Umgegend«. Empfohlen wurde von den Autoren, auf jeden Fall eine sonntägliche Ausflugsfahrt nach Blankenese in »Nienstädten« zu unterbrechen, um das Frühstück bei Jacob einzunehmen. So erscheint das Jacob denn um 1860 auch als Vignette auf einem großformatigen Souvenirblatt, in dessen Mittelpunkt der Fischerort Blankenese vor dem Süllberg dargestellt ist.

Das kleine Anwesen des Jacob – das auf allen bildlichen Darstellungen die Ostseite zeigt – hatte sich inzwischen so entwickelt, wie es im historischen Teil des Ensembles auch heute noch nahezu unverändert erhalten ist.

Beim Übergang des Erbes auf die dritte Generation wurden einige Veränderungen vorgenommen, die auf einen regen Geschäftsbetrieb schließen lassen.

In einer späteren Beschreibung wird der älteste Bauteil links (also von Osten her gesehen zum Hang hin) stichwortartig als »schlichtes zweigeschossiges Giebelhaus, 2. Hälfte 18. Jahrhundert, mit Segmentbogenfenstern und Satteldach, Backstein verschlemmt« bezeichnet. Weiter heißt es: »Giebelfront mit zwei Achsen, Traufenfront an der Ostseite mit fünf Achsen. Rückwärtig zur Elbe zweigeschossiger Backsteinanbau (ursprünglich Waschhaus, das in den 30er Jahren des 19. Jahrhunderts aufgestockt und später mit dem Haupthaus verbunden wurde), im Obergeschoß verbrettert mit Walmdach. An der Elbchaussee rechts anschließend eingeschossiger Traufenbau, wahrscheinlich kurz nach 1791. Rechteckige Fenster. Schöne geschnitzte Haustür mit Oberlicht und Messingschloß. Löwenkopf mit Ring als Türklopfer. Weiter anschließend Restaurant-Erweiterungsbauten aus der zweiten Hälfte des 19. Jahrhunderts.«

Die klassizistische Haustür ziert auch heute noch den Eingang zum Jacob. Und dasselbe gilt für die in derselben Beschreibung erwähnte Diele mit dem alten Treppenaufgang. Sie wurde nach der Neugestaltung des Hauses in den Bau integriert. Von der ebenfalls erwähnten »Ausstattung zum Teil mit Mahagonimöbeln und Familienbildern aus der Zeit um 1800« konnte allerdings nur ein Teil in den Besitz des neuen Eigentümers übergehen.

Louis Carl Jacob hatte sein »Amt« als Familienoberhaupt und Erbe des Gasthauses mit Plänen für einige Veränderungen angetreten, die er gleich nach 1873 umsetzte. Er ließ den kleinen, aus seiner Sicht wahrscheinlich unnützen, Gartenpavillon abtragen und errichtete an seiner Stelle ein Gartenhaus, das er in den Gastbetrieb einbezog. Dies war aus denkmalpflegerischer Sicht sicher einer der »Sündenfälle«, die sich auch in der ersten Hälfte dieses Jahrhunderts noch vielfach wiederholen sollten; denn mit dem Abriß des Gartenpavillons wurde – wie Alexandra Köhring zu recht anmerkt – ein Teil des Gartenensembles zerstört.

Das Gartenhaus wurde ein Art Pendant zur inzwischen schon zur Attraktion gewordenen Lindenterrasse. Es öffnete sich mit einer Veranda zur Elbseite. Nach Westen hin schließt sich ein weiteres Gebäude an, das erst 1873 fertiggestellt worden war. Trotz der bereits vorhandenen Eisenbahnlinie von Altona nach Blankenese hatte Carl Louis Jacob dort noch eine Wagenremise mit Pferdestall bauen lassen. 34 bis 36 Pferde sollen dort Platz gehabt haben; außerdem werden als sanitäre Anlage noch »5 Klosett« ausgewiesen. Auch über das neuerbaute Gartenhaus sind einige Angaben überliefert. So wissen wir, daß im Erdgeschoß zwei heizbare Stuben, eine nicht heizbare Kammer, die bereits erwähnte nach Süden gelegene Veranda und drei Kellerräume vorhanden waren. Für das erste Stockwerk sind ebenfalls zwei heizbare Stuben, eine relativ große Zahl – nämlich fünf – nicht heizbare Kammern und ein Bodengeschoß ausgewiesen.

Im Zuge der Baumaßnahmen hatte die Familie Jacob auch die Terrasse zum Elbhang hin mit Mauerwerk befestigen lassen, während frühere Abbildungen deutlich Holzpfähle erkennen lassen.

Um 1860 hatte sich für das Jacob die Bezeichnung »Hotel« eingebürgert. Die geringe Zahl von Zimmern macht es nicht wahrscheinlich, daß sich das Jacob schon als Beherbergungsbetrieb verstand. Vielleicht hat man verspäteten Restaurantgästen im Notfall eine der Kammern angeboten. Regelmäßig aber wurden Zimmer nicht vermietet. In einem Revisionsbericht der Gastwirtschaften aus den siebziger Jahren ist vermerkt: »Beherbergung von Fremden kommt nicht vor.«

Die Entdeckung dieses Geschäftszweiges sollte der nächsten Generation vorbehalten bleiben.

Die Erweiterung des Jacob zum Hotel

Unter Louis Carl Jacob, dem Enkel des Firmengründers, nahm die Wirtschaft einen Aufschwung, der es dem Gastronomen ermöglichte, zukunftweisende Pläne zu realisieren; und er war offenkundig ein Mann, der solche Pläne mit Nachdruck umzusetzen wußte.

Über die Ausbildung des Louis Carl Jacob ist nichts überliefert. Es ist anzunehmen, daß er die Kenntnisse und Fertigkeiten, die er zur Fortführung des Unternehmens benötigte, wesentlich im väterlichen Betrieb erworben hatte. Daß er ein gebildeter Mann gewesen sein muß, steht außer Zweifel; das hatte ja auch schon für seinen Vater gegolten. Denn die hochrangigen Gäste wie der Banker Salomon Heine, der Agrarreformer Caspar Voght und der Altonaer Konferenzrat Johann Daniel Lawaetz hatten die Gastronomen stets als ebenbürtige Gesprächspartner akzeptiert, was sicher nicht nur als Indiz für hanseatische Höflichkeit zu werten ist.

Auch später waren Gäste hinzugekommen, deren Namen Respekt einflößten: Carl Laeisz etwa, der eine Flotte der schönsten und schnellsten Windjammer in Fahrt hielt, die Großherzöge von Oldenburg, Mecklenburg und Hessen, der Prinzregent und spätere König Ludwig von Bayern und Kronprinz Friedrich Wilhelm. Albert Ballin hat dem Jacob an der Elbe ebenso die

Postkartenmotiv aus »Kröger's Buchdruckerei« in Blankenese, um 1900

Ehre gegeben wie sein Nachfolger Wilhelm Cuno, der für ein Jahr das Amt des Reichskanzlers innehatte. Bekannte Hamburger Kaufmannsfamilien kamen über mehrere Generationen, nicht nur um bei Jacob Geschäftsessen zu »zelebrieren«, sondern um dort auch ihre Familienfeste zu feiern. Die Poels gehörten dazu und die Sillems, und nicht zuletzt auch die Krogmanns, eine honorige Familie, deren Sproß Vincent sich später von den Nationalsozialisten als Bürgermeister mißbrauchen ließ und eine recht unglückliche Rolle spielte.

Man wird nicht sagen können, daß die Träger glanzvoller Namen die Atmosphäre im Jacob geprägt hätten; denn das Haus an der Elbchaussee 401 ist immer ein Haus mit bürgerlichem Ambiente geblieben. Aber der regelmäßige Umgang mit ihnen hat bei den Jacobs sicher seine Spuren hinterlassen.

»Das Neue Altona« wußte über Louis Carl Jacob zu berichten: »Sein Restaurant hielt er auf der Höhe der Zeit und war durchweg fortschrittlich gesinnt. Seine Angestellten verpflichtete er zu tüchtiger Arbeit, aber hatte für sie dann auch wieder menschliches Empfinden übrig. Er war Kirchenältester in der Gemeinde. Angestellten, die sich um sein Geschäft verdient gemacht hatten, verhalf er zu einer eigenen Existenz. Während der Zeit seiner Wirksamkeit lebte … der Herzog Friedrich von Augustenburg mit seiner Tochter Auguste Victoria in Nienstedten. Manchmal half man sich bei Gastereien gegenseitig aus. Erwartete der Herzog von Schleswig-Holstein großen Besuch, so halfen die Köche und Mädchen Jacobs aus. War bei Jacob viel zu tun, so sprangen Koch und Dienerschaft des Herzogs ein.«

Louis Carl Jacob, der 1827 zur Welt gekommen war, hatte sich in den sechziger Jahren eine kleine »Familienbibliothek« angelegt, darunter auch Belletristisches wie den 1852 in Königsberg von Julie Burow veröffentlichten Roman mit dem beziehungsreichen Titel »Aus dem Leben eines Glücklichen«. Überwiegend aber enthielt die kleine Sammlung Louis Carl Jacobs Sachliteratur wie die damals sehr populären Geschichtswerke von Carl Plötz oder »Praktisches« wie einen »Vollständigen Lehrgang zur leichten, schnellen und gründlichen Erlernung der Englischen Sprache«. Das 1861 erschienene Buch ist mit einer Reihe handschriftlicher Eintragungen versehen. Darunter finden sich Vokabeln und Redewendungen, die im gastronomischen Alltagsbetrieb gebraucht werden wie »besetzt«, »beschäftigt«, »etwas auswählen« oder »I am very much obliged« als Dankesformel für seine Gäste. Dies darf sicher als Hinweis darauf gewertet werden, daß das Publikum besonders nach dem Niedergang der Restauration von Rainville zunehmend internationaler wurde.

Das entsprach durchaus auch der allgemeinen touristischen Entwicklung in der Hansestadt. Ihr sollte allerdings noch ein herber Rückschlag bevorstehen, von dem auch die Vororte betroffen waren: Die Cholera-Epidemie von 1892 isolierte Hamburg vorübergehend und lädierte den Ruf der Hansestadt. Die Fremdenverkehrswirtschaft Hamburgs brauchte lange, um den Schock zu überwinden. Erst kurz vor der Jahrhundertwende konstituierte sich ein Verein zur Förderung des Fremdenverkehrs, der in- und ausländische Touristen an Alster und Elbe locken sollte und den potentiellen Gästen einen »Wegweiser durch Hamburg und seine Umgebung« an die Hand gab. Der Verein initiierte auch eine Reihe größerer und kleinerer Aktionen, um die Stadt und ihre Region »gästefreundlicher« zu gestalten.

Louis Carl Jacob hatte daran schon vorher gedacht und die positive Geschäftsentwicklung für einen kräftigen Investitionsschub genutzt. Bereits 1882 hatte er ein ehemaliges Schulgebäude an der Dorfstraße – die heute Sieberlingstraße heißt – für die Einquartierung einiger seiner im Restaurationsbetrieb tätigen Mitarbeiter erworben. In einem Vermerk der Gebäudesteuer ist zu lesen:

Der Eigenthümer bezieht für dieses Wohnhaus keine Miete und ist für dieses Haus mit d. 31. März 1888 von der Gebäudesteuer befreit; die Wohnung wird von 3 Angestellten des Eigenthümers benutzt!

Auch für sich selbst hatte Louis Carl Jacob vorgesorgt und sich ganz in der Nähe einen Alterswohnsitz gebaut. Das später abgerissene Haus stand in der (nach ihm benannten) Carl-Jacob-Straße, die damals noch »Bei der Bahnhofstraße« hieß.

Als sich Jacob III. zum Bau seines Privathauses entschloß, hatte er das »Pensionsalter« bereits überschritten. Für die Übergabe des Restaurationsbetriebes an seinen Sohn Louis Heinrich, der zu diesem Zeitpunkt auf die Vierzig zuging, ließ er das Haus noch erweitern und stellte damit Weichen für die Zukunft: An das zwanzig Jahre zuvor entstandene Gartenhaus ließ er weitere Gebäudeteile anfügen. Der alte Pferdestall hatte wegen neuerer und besserer Verkehrsmöglichkeiten ausgedient. Er wurde 1895 abgerissen und durch einen großen beheizbaren Ballsaal mit offener Terrasse ersetzt. Damit war der alte Saalanbau des Wohnhauses überflüssig geworden und wurde zur Küche mit den entsprechenden Nebenräumen

umgestaltet. An den Stirnseiten hatte der neue Anbau jeweils zwei über die volle Saalhöhe gezogene Rundbogenfenster: nach Westen – also mit der Blickrichtung elbabwärts – befanden sich fünf gleich große Fenster. Das Gitter der Dachumrahmung war durch Ziersäulen unterbrochen, die aus der Ferne wie kleine Skulpturen wirkten.

Erich Lüth schreibt, die Bauherren hätten es vermieden, im neuen Teil des Anwesens den alten bloß zu imitieren. Damit hat er recht. Und ihm ist auch nicht zu widersprechen, wenn er die Notwendigkeit der Erweiterung mit der Tatsache begründet, die Besucherzahlen seien gestiegen, ebenso die Zahl der Familienfestlichkeiten, der Empfänge, der Hochzeitsessen und der Feiern von Stapelläufen.

Aber Lüth fällt sicher allzu sehr in die Rolle des Schönschreibers, wenn er formuliert: »Das weiseste, was die Architekten tun konnten, war, daß sie sich dem Wesen des alten Hauses ohne Stilbruch anpaßten. Sie ließen die Räume in ihrer zurückhaltenden Gestaltung auch im Dekor, an das Kernstück des Ganzen behutsam anklingen, so daß die Gesamtatmosphäre harmonisch blieb.«

Das eben wurde von vielen, die über ein gesundes Stilempfinden verfügten, anders gesehen. Der Anbau war architektonisch keine glückliche Lösung! Aber er war ein Teil der notwendigen Erweiterungen, mit denen die Jacobs das Haus für den Hotelbetrieb einrichteten.

Damit war ein neues Kapitel in der über einhundertjährigen Geschichte aufgeschlagen. Künftig war es das »Hotel und Restaurant Jacob«.

Die Rettung der Wandgemälde aus dem Ballsaal

Kein Zweifel: Das Jacob der Jahrhundertwende hatte trotz mancherlei Stilbrüche den Charme eines an seine Umwelt angepaßten und ihr ebenbürtigen »Etablissements«, dessen gastronomische Leistungen sich in der Region weit herumgesprochen hatten. Für viele Handelsfirmen und Reedereien war es die bevorzugte Adresse, wenn auswärtige Gäste zu bewirten waren, die dann den Ruhm des Hauses in die Welt hinaustrugen.

Bei der Neugestaltung des Ballsaals hatte Louis Heinrich Jacob einige dekorative Wandgemälde anbringen lassen, die sich wohl aber nicht lange der Wertschätzung des Chefs erfreuten. Jedenfalls wurden sie bald darauf überklebt und gerieten in Vergessenheit. Auch Aufzeichnungen darüber waren nicht vorhanden.

Erst bei der Totalsanierung des Hauses in den neunziger Jahren unseres Jahrhunderts kamen die Werke wieder zum Vorschein. Als sich die Restauratoren zusammen mit den Bauhandwerkern nach dem letzten Eigentümerwechsel an die Arbeit machten, so viel wie möglich vom Charme des Originals in die Gegenwart herüberzuretten, hofften sie fündig zu werden, ohne genau zu wissen, was sie eigentlich suchten. Und dann geschah das Unglaubliche im Ballsaal:

Zwei monochrome, auf Leinwand gemalte italienische Landschaften waren über eine auf Putz gemalte Phantasielandschaft mit Kranichen geklebt. Der Kunsthistoriker Dr. Ulrich Pietsch vom Lübecker St. Annen-Museum schloß aus dem Stil der Darstellung, daß die beiden Schichten in einem zeitlichen Abstand von etwa 20 Jahren entstanden sein müssen. Beide sind auffällig dem Jugendstil verpflichtet. Der Jugendstil stand stark unter dem Einfluß des Japonismus, der auch den Ausdruck dieser Bilder bestimmt. Der Kranich oder Reiher als belebendes Element hat in der japanischen Kunst des 17. Jahrhunderts eine wichtige Rolle gespielt, und die abendländische Malerei des 18. Jahrhunderts und später der Jugendstil haben diese Elemente aufgenommen.

Aus diesem Zusammenhang läßt sich die Entstehung der Gemälde ungefähr auf den Zeitraum zwischen 1890 und 1910 datieren. Die zum Teil erhaltene Stuckdekoration des Raumes mit ihren historischen Neo-Renaissance- und Neo-Barockformen stützen diese zeitliche Zuordnung.

Noch ist allerdings die Frage offen, wer die mit »WM« signierten Bilder gemalt hat. »Es war«, urteilt Ulrich Pietsch, »mit Sicherheit nicht einer der großen kunsthistorisch bedeutenden Maler. Aber es handelt sich bei diesem Werk um sehr schöne Dekorationsmalerei von hoher Qualität.« Das Bild könnte sogar von einem begabten Malermeister stammen, der nach der Vorlage eines Kunstmalers gearbeitet hat. Die Kunsthistoriker hoffen, daß künftige Recherchen darüber Auskunft geben können.

Inzwischen haben die dekorativen Wandgemälde ihren »Ehrenplatz« im Restaurant bekommen.

Ihre Konservierung und Restaurierung war allerdings mit einem großen Aufwand verbunden. Der Diplom-Restaurator Jaroslaw Kulicki von der

Restaurierungswerkstatt Ochsenfarth hat einige Monate an der Sicherung der Kunstwerke gearbeitet. Zunächst hat er das auf Putz gemalte Wandbild auf der Vorderseite gesichert und durch eine Stützkonstruktion aus Holz stabilisiert. Dann wurde das Mauerwerk an der Rückseite Stein für Stein abgetragen und das Bild dadurch aus dem Wandverbund gelöst. »Wir haben im Interesse des Kunstwerks das aufwendigere Verfahren gewählt«, erläuterte er seine Aufgabe, »und nicht die Malerei von der Wand, sondern umgekehrt die Wand von der Malerei entfernt.«

Anschließend wurden auch die Rückseiten der Bilder durch das Auftragen mehrerer stabilisierender Schichten gesichert, und Kulicki ist zufrieden, daß bei der Abnahme über die bereits vorhandenen Schäden hinaus keine weiteren Fehlstellen entstanden. Die schon früher verursachten Schäden wurden durch die Restauratoren beseitigt. Sie lagen größtenteils im monochromen Bereich, also in den großen Farbflächen, die relativ leicht zu rekonstruieren

waren. Auch bei figürlichen Details wie Gräsern, Blätterwerk oder Teilen der Vögel gaben vorhandene Formen Hinweise darauf, wie die Fehlstellen zu ergänzen waren, ohne den Gesamteindruck zu verfälschen. Weder konservatorisch noch restauratorisch stellte das Werk des (noch) unbekannten »WM« die Spezialisten vor besondere Probleme, obwohl einige schwierige Arbeiten zu bewältigen waren. Aber viel Geduld mußten sie mitbringen. Für die komplizierte Sicherung der Gemälde waren insgesamt fast eintausend Arbeitsstunden anzusetzen. »Wir sind froh«, so der Kunsthistoriker Dr. Pietsch, »daß der neue Eigentümer des Jacob von Anfang an bereit war, bei den Planungen so viel Rücksicht auf die alte Substanz des Hauses zu nehmen.

Damit wurde auch das Versprechen eingelöst, jenen Gästen, die das Jacob noch als eine hamburgische Institution in Erinnerung haben, Wiedererkennungswerte anzubieten, die ihnen die Chance geben, sich auch in Zukunft mit ›ihrem‹ Jacob zu identifizieren.«

Freigelegte Jugendstilgemälde im Ballsaal vor der Restaurierung

Neue Verkehrsmittel erobern die Elbchaussee

Es hatte lange gedauert, bis die Elbchaussee endlich fertiggestellt war und damit bessere Verkehrsbedingungen zwischen Altona und Blankenese geschaffen waren. Louis Jacob nahm dies zum Anlaß, seine Gäste auf die Verbesserung aufmerksam zu machen. In einem Inserat der »Hamburger Nachrichten« veröffentlichte er den Text:

Die Elb-Chaussee ist nun durch Teufelsbrück für leichten Wagenverkehr fertig ausgebaut. Dann führt ein Nebenweg hinter Elbschloß-Brauerei, mithin nur mehr ein ganz kleiner Umweg.

Nienstedten, Louis Jacob.

Schon in den dreißiger Jahren hatte ein Wegebauverein der Landhausbesitzer mit den Arbeiten begonnen, auf dem hohen Elbufer eine Chaussee zu bauen. Die Zeit scheint aber noch nicht reif gewesen zu sein, ein solches Vorhaben konsequent durchzufahren. Erst der Zollanschluß Hamburgs und Altonas 1888/89 und das Zusammenwachsen der alten Dörfer von Ottensen bis Othmarschen verlangten nach besseren Handelswegen und damit nach dem weiteren Ausbau der Elbchaussee.

Obwohl Jacob seine Wagenremise und den riesigen Pferdestall längst abgeschafft hatte, bestimmten Pferdedroschken und Pferdebahnen immer noch den Nahverkehr zwischen Hamburg und seinen Vororten. Das Automobil, das später einmal das Verkehrstempo auch auf der Elbchaussee be-

Darstellung einer »Englischen Landkutsche« von den Gebrüdern Suhr. Diese Kutschen wurden 1824 in Hamburg eingeführt.

stimmen wird, ist einstweilen noch das Privileg weniger, die mutig genug sind, sich dem neuen Verkehrsmittel anzuvertrauen. 1896 war die erste Hamburger Benzindroschke zugelassen worden; und es dauerte noch einmal anderthalb Jahrzehnte, bis die zweite Zulassung erfolgte. Bis Ende 1911 fuhren erst ganze 50 Benzindroschken in der Hansestadt. Für jeden dieser Wagen wurden vier Pferdedroschken aus dem Verkehr gezogen. Der technische Fortschritt hatte seinen Einzug gehalten. Und wie immer, wenn Neuerungen die Gemüter erregten, formierte sich Widerstand.

Das war kurz vor der Jahrhundertwende nicht anders gewesen. Am 26. August 1899 rumpelte zum erstenmal die »Elektrische Bahn Altona – Blankenese« über die Schienen, die vom Altonaer Hauptbahnhof über Ottensen, Othmarschen, Klein Flottbek nach Nienstedten, Hochkamp und Dockenhuden nach Blankenese verlegt waren. Die Wagen fuhren alle zehn beziehungsweise zwanzig Minuten und hatten Anschluß an die Hamburger Straßenbahn und an die Hamburg-Altonaer Centralbahn. Auf Bestellung konnten sogar »Extrawagen« eingesetzt werden.

Der Ausflugverkehr in die Elbvororte nahm mit der Straßenbahnverbindung einen bemerkenswerten Aufschwung, und es traf sich gut, daß Jacob durch Investitionen vorgesorgt hatte, um dem zunehmenden Publikumsverkehr gewachsen zu sein.

Alle waren mit der Ausweitung des Verkehrs jedoch nicht einverstanden. Die Karikaturisten schürten eifrig die Bedenken der Anlieger, indem sie auf Postkarten ein Horror-Szenario des durch die »Electrische« verursachten Verkehrschaos entwarfen: Wildgewordene Hunde, die die neugierigen Straßenpassanten durcheinanderwirbelten, Pferdekutschen, die von der Straßenbahn beiseite geschoben wurden und auf der Strecke blieben, Kökschen, deren Einkaufskorb zu Bruch ging, und mittendrin Würstchenverkäufer, die sich den Auflauf der Neugierigen zunutze und gute Geschäfte machten. Daß es so am Ende doch nicht wurde, und der Aufschwung auch für die Jacobs in geordneten Bahnen verlief, ist wohl nicht nur dem hanseatischen Hang zur Ruhe und Ordnung zu danken, sondern auch der Tatsache, daß sich auch erregende Neuheiten schnell abnutzen und die »Elektrische« von Hamburg nach Blankenese bald nicht nur den Reiz, sondern auch die Bedrohung des Neuen verloren.

Ein »Eiskeller« für die lebendige Kommunikation

Im Zuge der Um- und Erweiterungs-bauten zwischen 1866 und dem Beginn der siebziger Jahre – möglicherweise auch schon früher – ließen die Jacobs neben dem ältesten Bauteil, dem schon auf der Flurkarte von 1786 ausgewiesenen Wohnhaus, einen Keller besonderer Art anlegen: einen sogenannten Eiskeller, in dem die für den Restaurationsbetrieb erforderlichen verderblichen Waren vor der Erfindung der elektrischen Kühlung frischgehalten werden konnten.

Erst 1913 kamen in Chicago die ersten Kühlschränke auf den Markt. Bis dahin gab es für Gastronomen nur zwei Möglichkeiten der Speisekartengestaltung: entweder sie kauften leichtverderbliche Waren wie Fleisch, Gemüse und vor allem Fisch in begrenzten, nach ihren Erfahrungen kurzfristig absetzbaren Mengen ein und nahmen dabei die Gefahr in Kauf, sehr schnell »ausverkauft« zu sein und ihre Gäste enttäuschen zu müssen. Oder sie verarbeiteten getrocknete, gepökelte, eingelegte oder eingemachte Speisen, die bis in das frühe 20. Jahrhundert hinein den größten Teil des Angebots ausmachten.

Einfache Keller, wie sie in mediterranen Ländern schon in der Antike zur Vorratshaltung genutzt wurden, erfüllten ihren Zweck nur über einen begrenzten Zeitraum. Ein Ausweg aus diesem Dilemma bot sich überall dort, wo man in den Wintermonaten über natürliches Eis verfügte. Eine Reihe von Herrenhäusern in Norddeutschland, insbesondere in Schleswig-Holstein, waren deshalb mit speziellen Eiskellern versehen worden. Für diese gut isolierten Gewölbe schnitt man im Winter Eisblöcke aus nahegelegenen Flüssen oder Seen heraus oder besorgte sich solche Blöcke bei Händlern, die das natürliche Kühlmaterial aus Schweden oder Norwegen importierten.

Wenn es das Glück wollte, konnte sich Jacob aus der Elbe unterhalb seines Lokals bedienen. 1866, so berichtet der Blankeneser Lokalhistoriker Gustav Kirsten, sei die Elbe bis nach Glückstadt hinunter zugefroren gewesen. Der Pächter der Blankeneser Dampfschiffs-brücken-Schenke habe ein großes Zelt auf der Elbe aufgeschlagen, seine Schenke dorthin verlegt und Musikanten engagiert. Dann sei flott getanzt und viel Grog getrunken worden, und die Tänzer hatten sich von ihrem »Eisparkett« auch bei einsetzendem Tauwetter nicht trennen können. Als das Wasser schon durch die Eisritzen spritzte und man sie warnte, hätten sie übermütig geantwortet: »Dat mookt nix, wi versuupt noch nich. Gev uns man noch'n recht stieven Grog ut dien Grogkeetel!«

In solchen Wintern mochten sich die Jacobs direkt aus der Elbe bedient haben, um die Blöcke im Eiskeller »übersommern« zu lassen.

Wenn man Glück hatte und der Keller gut angelegt war, ließ sich das Eis darin über den ganzen Sommer halten. Manchmal sogar für zwei volle Jahre. »Tiefe und Beschaffenheit des Kellers ermöglichten es ohne weiteres«, notierte ein Chronist, »die Temperatur etwa auf dem Gefrierpunkt zu halten, so daß kaum ein Schmelzverlust eintrat.«

Das Eis lagerte in einer trichterförmigen Grube, über die sich das Kellergewölbe spannte. Für den Bau von Eiskellern wurde in unserer Region Backstein als typisch norddeutsches Material bevorzugt, weil es als schlechter Wärmeleiter die besten Eigenschaften für den ihm zugedachten Zweck hatte.

Um den Baumeistern Anhaltspunkte für die optimale Gestaltung des Eiskellers zu geben und ihnen vor allem Ratschläge für die Wahl des richtigen Standortes zu erteilen, wurden im ausgehenden 18. Jahrhundert umfangreiche Anleitungen verfaßt. In einer »Ökonomisch-technologischen Encyclopädie« war zu lesen:

Die bequemste und durch die leichtesten Kosten zu bewirkende Art der Anlegung einer Eisgrube auf dem Lande ist folgende: Man erwähle dazu einen gegen Mitternacht gelegenen Ort, der entweder durch Gebäude, oder schattige Bäume, der Sonnenhitze am wenigsten ausgesetzt ist, übrigens aber trockenes Land und einen Abhang des Bodens oder ein Thal in der Nähe hat.

Das waren genau die Bedingungen, die das Jacobsche Anwesen auf dem Elbhang in allen Punkten ideal erfüllte. Louis Carl Jacob ließ ein dickwandiges Kuppelgewölbe in den Elbhang hineinbauen, das einen Innendurchmesser von annähernd sieben Metern hatte, und das an seiner höchsten Stelle exakt 6,66 Meter maß. Fortan konnte er seinen Gästen außer Menüs aus frischen Zutaten auch gut gekühlte Getränke servieren, auch wenn es in den Sommermonaten einmal sehr heiß war.

Erstaunlich ist, daß es keinerlei Aufzeichnungen über den Bau des Eiskellers an der Elbchaussee gibt, obwohl die Bauarbeiten doch erst etwas mehr als ein Jahrhundert zurückliegen.

Von der Existenz des Kühlraums wußte man lange Zeit nur durch vage mündliche Überlieferung, und das Wissen um das Verlies wurde wie ein Mysterium von einer Generation auf die nächste weitergegeben. Dabei behauptete ein Autor, noch vor rund 30 Jahren höchstpersönlich in den Keller hinabgestiegen zu sein:

Als Chronist darf ich berichten, daß mir höchst Bemerkenswertes offenbart wurde: Es gelang mir, in jene Teile der Jacobschen Katakomben vorzudringen, in denen nicht nur Fässer und Bouteillen lagern, deren Vorrat ohnehin unabsehbar ist. Ich entdeckte anderes: Jacob verfügt über die üblichen Kellereien hinaus noch über ein 16 Meter tiefes Gewölbe, das ebenso alt sein dürfte wie das Weinrestaurant des Daniel Louis I.

Eine alte Bauzeichnung, die der Architekt Riemann gefunden hatte, war sehr ungenau. Und dann hatte man doch Glück: Bei den jüngsten Umbau- und Restaurierungsarbeiten stießen

Die Kuppel des »wiederentdeckten« Eiskellers im Elbhang

Bauarbeiter auf einen mit Gerümpel und Bauschutt ausgefüllten Hohlraum. Bei näherer Untersuchung stellte sich heraus, daß die Wände des Raumes mit hochwertigen Backsteinen verkleidet waren, und es stand außer Zweifel, daß man den fast schon legendären Eiskeller wiederentdeckt hatte. Der untere Teil war bis zu einer Tiefe von acht Metern relativ gut erhalten. Nur das Tonnengewölbe mußte erneuert werden. Dafür wurden eigens Ziegelsteine im alten Format gebrannt; denn für die neue Eigentümerfamilie des Jacob war es sofort klar, daß dieser Keller als besondere Attraktion des zu neuem Leben erweckten Hotels und Restaurants erhalten werden müsse.

»Für uns«, so betonte Horst Rahe, »ist die Wiederherstellung dieses historischen Kleinods ein weiterer Prüfstein für den sorgfältigen Umgang mit alter Bausubstanz.«

Dafür mußten erhebliche zusätzliche Kosten einkalkuliert werden. Allein die Zugangstreppe vom Haus her verlangte aufwendige Baumaßnahmen; denn sie darf die Kellerkonstruktion nicht stärker belasten als ursprünglich geplant und muß deshalb freitragend sein.

So wurde denn der Eiskeller in seinen Originalzustand wiederhergestellt; aber er hat künftig eine andere Funktion. Die moderne Kühltechnik macht einen eigentlichen Eiskeller überflüssig. Deshalb wurde ein Konzept entwickelt, das den historischen Anspruch des Kellers unterstreicht und ihm zugleich einen angemessenen Platz in der Gesamtplanung des Hauses gibt.

Inzwischen hat es etliche kleine Empfänge und hochwertige Weindegustationen im Elbhang gegeben. Damit wird die Tradition des alten »Weinrestaurants« anspruchsvoll fortgesetzt. Schon zur Gründerzeit des Hauses hat ja der Wein nicht unerheblich zum Ruhm des Jacob beigetragen und viele Gäste aus der weiteren Umgebung angelockt.

Behaglicher kann ein Weinkeller nicht sein! Um dem Ambiente ein besonderes Glanzlicht aufzusetzen, wurden Weinregale aus Naturholz gegen die Wände gesetzt. Die Gäste können es sich an alten Weinfässern, Stehtischen und auf Barhockern bequem machen. Etwa 20–30 Personen haben auf der rund 50 Quadratmeter umfassenden Grundfläche Platz, ohne ein unangenehmes Gefühl der Enge zu spüren. Aber der Raum ist klein genug, um seinen Gästen Nähe und Intimität zu vermitteln. Diejenigen, die hier gewissermaßen schon die Premiere einer Attraktion mit ungewöhnlichem Flair erlebt haben, sei es bei einem Aperitif vor einer Familienfeier, sei es als auflockernder Auftakt zu einer geschäftlichen Veranstaltung, oder sei es bei einem schlichten Stehempfang in gelockertem Ambiente, sind schon ins Zentrum dessen vorgestoßen, was den neuen Eigentümern vorschwebte: »Gute Gespräche zu einem guten Wein, kleine Snacks in wohliger Atmosphäre – das ist es, was wir in unserem Eiskeller pflegen wollen. Denn auch das neue Jacob soll auf allen Ebenen – auch im Keller – eine Stätte lebendiger Kommunikation sein. Wir wünschen uns im Eiskeller Gespräche, die im wörtlichen Sinn unter die Oberfläche gehen!«

Der legendäre Eiskeller wurde als urgemütliches »Verlies« für kleine Empfänge und Weindegusta-tionen eingerichtet.

Max Liebermann und die Lindenterrasse

Ob sich der Dialog zwischen Carl Louis Jacob und dem schon zu Ruhm gekommenen Max Liebermann tatsächlich so entwickelt hat, wie ihn die Journalistin Alexandra zu Knyphausen in einer alten Zeitung vorfand, wird kaum noch zu verifizieren sein. Aber er kennzeichnet ziemlich genau die Charaktere der beiden Männer, die sich hier zusammenraufen mußten, wobei am Ende etwas herauskam, ohne das die Welt der Kunst um einiges ärmer wäre.

»Ich möchte gern Ihre Lindenterrasse malen«, sagte der Künstler. »Mein Haus ist erst vor sechs Jahren gestrichen worden«, entgegnete Jacob unwillig, »meine Gäste kommen auch so.«

Liebermann erklärte ihm, daß er lediglich »abmalen« wolle. Darauf Jacob, noch mürrischer: »Hier wird nix abgemalt.« Da riß dem impressionistischen Berliner Meister der Geduldsfaden. »Wissen Se, wat Se mir können?«

Offensichtlich wußte Jacob das ganz genau und lenkte endlich lachend ein: »Nee, nee, das tu ich nicht, dann malen Se man lieber, Liebermann.«

Als sich der Dialog so oder etwas anders zwischen dem Gastronomen und dem Maler entspann, galt Max Liebermann einer ganzen Reihe weitsichtiger Kritiker und Kunstfreunde schon als anerkannter Impressionist.

Um diese Anerkennung hatte der 1847 geborene Maler lange kämpfen müssen. Sein erstes großes Werk mit dem Titel »Die Gänserupferin« war 1874 in Berlin ausgestellt worden. Aber es war in seiner Anlage viel zu naturalistisch, als daß es die meisten der Kunstkritiker hätte zur Begeisterung hinreißen können. Das Bild sei abstoßend häßlich in unverhüllter Abscheulichkeit, hatte Adolf Rosenberg befunden, und andere urteilten nicht freundlicher. Liebermann mußte sich als »Apostel der Häßlichkeit« apostrophieren lassen. Und wenn jemand eine andere Meinung zu äußern wagte, wurde er von einer wachsamen, aber nicht sonderlich kunstverständigen Obrigkeit zurückgepfiffen. Als die Franzosen den Berliner 1889 in den Stand eines Ritters der Ehrenlegion erheben wollten, zwang die preußische Regierung Max Liebermann, die Auszeichnung abzulehnen. Dabei hatten Kunstfreunde nicht nur in Frankreich, sondern auch in Belgien und Holland die Begabung des längst auf das impressionistische Spiel von Licht und Farben spezialisierten Deutschen erkannt. Sogar Maler-Kollegen wie Fantin-Latour und Edouard Manet erwarben Liebermann-Gemälde. Und sie machten dem Deutschen Hoffnung, der stets davon überzeugt war, seine Zeit werde noch kommen.

Sie kam tatsächlich, als sich Liebermann nach und nach Sujets großbürgerlichen Freizeitvergnügens zuwandte. Aber auch dann gab es noch ein zu überwindendes Hemmnis, das offenkundig aus psychologischen Barrieren bestand: Solange sich nicht Kunstmuseen zu einem Maler bekannten, indem sie eines oder mehrere seiner Werke ankauften, hielt sich das wilhelminische Deutschland bedeckt. Private Sammler konnten sich ohne ein solches Signal nur selten entschließen, für einen noch nicht »Offiziellen« in die Tasche zu greifen. Erst als Wilhelm von Bode einen Ankauf durch die Berliner Nationalgalerie einfädelte und als auch der fortschrittlich denkende Alfred Lichtwark die Sammlung der Hamburger Kunsthalle um das Liebermann-Bild »Die Netzflickerin« bereicherte, schien das Eis gebrochen.

Einbrechen konnten Förderer des Berliner Malers, der als Fabrikantensohn zur Welt gekommen war, trotz allem auch jetzt noch! Lichtwark konnte davon ein Lied singen, nachdem er Max Liebermann 1891 beauftragt hatte, ein Porträt des Hamburger Bürgermeisters Carl Friedrich Petersen zu malen. Der Bürgermeister war schon im gesegneten Alter von 82 Jahren, mithin in einem Lebensabschnitt, in dem man übertriebene Eitelkeit nicht mehr für wahrscheinlich halten sollte. Für Petersen aber galt diese Regel offenbar nicht. Er war der Ansicht, daß der »Realismus der Darstellung« ihn in seiner Würde als Repräsentant der Stadt herabsetze. Der Bürgermeister, der Hamburg 16 Jahre lang in diesem Amt gedient hatte, und seine empörte Familie setzten es durch, daß dieses Porträt »in repräsentativer Ganzfigur« hinter einem Vorhang im Kupferstichkabinett der Kunsthalle zu verstecken sei. Erst 1902, elf Jahre nach dem Entstehen des Gemäldes, wurde Liebermanns Bild aus der Verbannung befreit und dem staunenden Publikum präsentiert.

Es war sicher kein Zufall, daß sich Max Liebermann genau in diesem Jahr wieder in Hamburg aufhielt und sich im Jacob einquartierte. Vielleicht hat nicht einmal er selbst damit gerechnet, daß es ein etwas längerer Hamburg-Besuch werden würde. Sicher scheint zu sein, daß dem Maler die Idee, die Jacobsche Lindenterrasse zu malen, nicht erst hier gekommen ist. Genaue Vorstellungen

1902 malte Max Liebermann die damals schon berühmte »Lindenterrasse«. Das Bild hängt heute in der Hamburger Kunsthalle.

Ebenfalls 1902 entstand das Pastell von dem Zimmer, das Max Liebermann bei Jacob bewohnte.

von seinem Motiv werden Liebermann hingegen erst während seiner sommerlichen Einquartierung in einem zur Elbseite hin gelegenen Zimmer gekommen sein. Es war ja ein wesentliches Stilmerkmal des von Max Liebermann mitgeprägten Impressionismus, daß er seine Anregungen aus der Abwendung von der »Künstlichkeit«, der »Unnatur der Ateliermalerei und des akademischen Betriebs« entwickelte und sein Interesse der freien, sich stets wandelnden Natur und der atmosphärischen Wirkung der Luft zuwandte.

Max Liebermann hatte seine Staffelei an einem sonnigen Sommertag auf der Lindenterrasse mit Blickrichtung nach Osten aufgebaut.

Die Sonne ist schon weit nach Südwesten hinübergewandert; ihre nachmit-

täglichen Strahlen fallen nur spärlich durch das Dach der ineinander verflochtenen Lindenkronen und zeichnen flimmernde Lichttupfer auf den Sandboden der Terrasse und leuchtende Ornamente auf die Tischplatte. Menschen – für den Besuch des Kaffeegartens fein gekleidete Damen mit ihren hübsch herausgeputzten Kindern – genießen die Stille, die über der Elbe liegt. Und sie scheinen auch die wohlige Kühle zu schätzen zu wissen, die das Kronengeflecht der uralten Lindenbäume ihnen spendet. Das Serviermädchen in Blankenener Tracht tritt aus der zweiten Baumreihe hervor, um die Gäste mit Kaffee, Schokolade und erfrischenden Getränken zu bewirten.

Das Mobiliar auf der Lindenterrasse ist so einfach, wie es hanseatischem

Understatement und Jacobschem Verständnis von Gemütlichkeit entsprach.

Auch die beiden Jacob-Kinder hat der Maler auf dem Bild »verewigt«: Sie hatten dem Meister bei der Arbeit an der Staffelei interessiert zugeschaut. Der hatte seinerseits den Wert der Kinder als Modelle für sein Gemälde erkannt und keinen Widerspruch duldend gesagt: »Na, setzt euch mal da hin. Ich werde euch jetzt malen!«

Max Liebermann hat das Bild, das als Höhepunkt der impressionistischen Malerei gilt, im Sommer 1902 fertiggestellt. Damals hatte ihn die Kommission für die Verwaltung der Hamburger Kunsthalle in die Hansestadt eingeladen. Man hatte ihn aufgefordert, sich an einer von Alfred Lichtwark ins Leben gerufenen Aktion zu beteiligen, durch die »Bilder aus Hamburg« entstehen sollten, an deren Erwerb die Kunsthalle interessiert war. Das bekannteste Liebermann-Gemälde dieser Reihe, die »Terrasse im Restaurant Jacob in Nienstedten a. d. Elbe« zählt heute zu den reizvollsten Objekten der Kunsthalle, die es ein Jahr nach seiner Entstehung zusammen mit einigen ebenfalls dort geschaffenen Liebermann-Pastellen angekauft hat.

Ein Liebermann-Gemälde krönt Jacobs Kunstkonzept

In Kunstkreisen war es kein Geheimnis, daß Max Liebermann außer seinem bekannten Bild von der Lindenterrasse ein weiteres Gemälde von der Jacobschen Terrasse angefertigt hatte; höchstwahrscheinlich, so die Vermutung, ebenfalls während seines Hamburg-Aufenthalts 1902. Bekannt und in Erinnerung geblieben war diese Tatsache durch einen Brief, den der Kunsthallen-Direktor Alfred Lichtwark im April 1910 an Liebermann geschrieben hatte. Darin war der Satz zu lesen: *Bei Cassirer sah ich noch eine Studie von Jacob, die ich nicht kannte, die mit dem köstlichen Blumenstrauß auf dem Tisch.*

Lichtwark äußerte in dem Brief auch, daß er beabsichtige, dem Berliner Kunsthändler Cassirer das Gemälde für ein Kabinett seines Hamburger Kunsthallen-Neubaus abzukaufen. Er ist in keiner späteren schriftlichen Äußerung darauf zurückgekommen. Festzustehen scheint aber, daß Hamburgs Stadtväter ihren Kunsthallen-Direktor gebremst haben.

So hat denn der Galerist Paul Cassirer das ansprechende Bild in seinen Privatbesitz genommen, ohne daß es jemals in einem der vielen Liebermann-Bücher abgedruckt worden wäre.

Mitte der zwanziger Jahre schickte der Kunsthändler das Bild – vermutlich zum ersten und einzigen Mal nach seinem Entstehen – zu einer öffentlichen Präsentation nach Italien. Außer mit einem Eigentumsvermerk seiner Galerie wurde das Gemälde mit einem rückseitigen Klebezettel versehen, auf dem die Präsentation als Nummer 1117 auf der »XV. Esposizione Internazionale d'Arte della Città di Venezia 1926« vermerkt ist.

Danach geriet das Bild jedenfalls bei denen, die mit dem Werk Liebermanns nicht sehr vertraut sind, in Vergessenheit. Zumindest in Deutschland wird dieses Vergessen nicht unbeabsichtigt gewesen sein. Die Nationalsozialisten schrieben dem Volk vor, was ihm zu sehen erlaubt war und was es unter »Kunst« zu verstehen hatte. Die jüdischen Inhaber der Kunsthandlung Paul Cassirer mußten sich vor den braunen Machthabern in Sicherheit bringen und emigrierten 1933 ins Ausland. Das Liebermann-Bild wurde bei Hugo Reisinger im New Yorker Busch-Reisinger-Museum untergebracht und ging in das Eigentum der Londoner Sammler Nevill Orgel und David Carrit über. Von da aus verliert sich die Spur im Dunkel. Das Gemälde soll über die Schweiz nach Berlin, der Geburtsstadt Liebermanns, gekommen sein, und schließlich einem Sammler vor den Toren Hamburgs gehört haben. Es wird spekuliert, daß dieses mit 69 x 83,4 Zentimetern recht »handliche« Kunstwerk seine letzten zehn Jahre in einem Tresor im schleswig-holsteinischen Wedel oder Pinneberg den Blicken neugieriger Kunstfreunde entzogen verbracht haben soll.

Niemand konnte ernsthaft damit rechnen, daß dieses Bild nach den dramatischen Umwälzungen und Zerstörungen, die über Europa hereingebrochen waren, jemals wieder auftauchen würde. Das Unglaubliche geschah im Frühjahr 1995: Ein Berliner Auktionshaus erhielt den Auftrag, eben dieses

1995 erwarb das Hotel ein »Lindenterrassen«-Gemälde, das Liebermann wahrscheinlich ebenfalls 1902 gemalt hatte, diesmal mit der Blickrichtung elbabwärts.

Gemälde zu versteigern. An der Echtheit des mit »M. Liebermann« signierten Bildes bestand nach der Prüfung durch renommierte Sachverständige kein Zweifel.

Max Liebermanns zweites »Lindenterrassen«-Bild kam zu einem Zeitpunkt auf den Markt, als das Jacob und die Lindenterrasse gerade zu neuem Leben erweckt wurden und für das Hotel und Restaurant ein Kunstkonzept entwickelt worden war, das dem Haus sein besonderes Flair und seine unverwechselbare Identität gibt.

Der wiederaufgetauchte Liebermann, so entschied der neue Jacob-Eigentümer Horst Rahe, wäre das unbestrittene Glanzlicht auf diesem Kunstkonzept: Eine nie wiederkehrende Gelegenheit, das Gemälde an die Stätte seines Ursprungs zurückzuführen. Dazu eine unwiederbringliche Chance, es aus seiner Anonymität zu befreien und wieder »öffentlich« zu machen. Vor allem aber wäre es ein zur Form gewordenen Bekenntnis zur Geschichte eines Hauses, das ein wichtiges Kapitel Gastronomiegeschichte unserer Stadt mitgeschrieben hat.

So vielen überzeugenden Argumenten kann sich auch ein mit spitzem Stift rechnender Hamburger Kaufmann kaum widersetzen.

Das Bild war von dem Berliner Auktionshaus mit einem Schätzpreis zwischen 300 000 und 400 000 Mark angesetzt, und Horst Rahe beschloß, das kostbare Gemälde für das Jacob zu erwerben, wenn der Zuschlag im Rahmen der geschätzten Marge bleiben würde. Es gelang ihm sogar, einen anderen ernsthaften Interessenten mit dem Hinweis auf die »Zusammengehörigkeit des Kunstobjekts und des Hotels und Restaurants Louis C. Jacob« zum Verzicht zu bewegen.

Die Mühe hat sich gelohnt: Das Jacob erhielt den Zuschlag, und seit der Wiedereröffnung des Hauses Ende Januar 1996 können sich die Gäste des Jacob an dem Bild erfreuen. Es hat seinen Ehrenplatz an der westlichen Wand der Wohnhalle neben dem Durchgang zum Festsaal gefunden, flankiert von Werken der Hamburger Maler Kallmorgen, Eitner, Herbst und Illies.

Das Liebermann-Gemälde im Jacob zeigt die Gegensicht zu dem bekannten Kunsthallen-Bild: Der Blick des Betrachters ist elbabwärts gerichtet, so wie Max Liebermann die Szene auch in einem Aquarell festgehalten hat, und wie sie schon zuvor auf einem Holzschnitt in einem 1861 veröffentlichten Reiseführer zu sehen war.

»Liebermanns Ölstudie«, schreibt ein Kunsthistoriker über die sensationelle Wiederentdeckung des Bildes, »macht deutlich, wie er nicht nur um die Wiedergabe des Lichts, sondern auch um die richtige Perspektive und um die korrekten Größenverhältnisse der Personen bemüht war. Das weißgekleidete Mädchen am Geländer schien ihm gelungen, der am Tisch sitzende Mann mit der Melone auf dem Kopf dagegen nicht – kurzerhand ließ er ihn hinter einer Vase mit jenem ›köstlichen‹ Blumenstrauß verschwinden. Und in eben diesem funkelnden Farbtupfer

erweist sich Liebermann als der große Meister des deutschen Impressionismus.«

Max Liebermann hat übrigens nicht nur Außenansichten vom Jacob hinterlassen. Auch das von ihm bewohnte Zimmer – das ihm zu Ehren im heutigen Hotel und Restaurant Louis C. Jacob im alten Stil wiederhergerichtet wurde und den Namen des Künstlers trägt – hat er aquarelliert. Es handelt sich um das linke Eckzimmer im ersten Stock des ehemaligen Waschhauses, dem ältesten Teil des Anwesens.

Auch nach Max Liebermann haben sich immer wieder Maler und Zeichner von dem eigentümlichen Reiz der Lindenterrasse gefangennehmen lassen und die dort herrschende anregende Stimmung ins Bild gesetzt. So der 1924 verstorbene Friedrich Kallmorgen, der dort ein Jahr nach Liebermann vor seiner Staffelei gesessen hat.

Eine eindrucksvolle Bleistiftskizze auf Transparentpapier hat uns Kurt Löwengard hinterlassen. Nachdem sich die »Hamburgische Sezession« wegen der nationalsozialistischen Zumutung, ihre jüdischen Mitglieder auszuschließen, zur Selbstauflösung entschlossen hatte, hat Löwengard bis zu seiner Emigration nach Großbritannien eine Fülle solcher Skizzen angefertigt. Viele der unter dem Zwang des politischen Drucks mehr oder weniger »privat« gebliebenen Arbeiten haben Elbansichten zum Motiv. Die 1934 scheinbar flüchtig auf das Papier gebrachte auf der Lindenterrasse sitzende Viergruppe läßt trotz der nur schemenhaften Darstellung erkennen, daß die Skizze an einem Herbstnachmittag entstanden sein muß: Die angedeutete Bekleidung der Menschen schützt vor dem manchmal schon rauhen Wetter, das in unseren Breiten um diese Jahreszeit herrscht, und die Sonne nähert sich im Südwesten schon dem Horizont.

Die Beschäftigung der bildenden Künstler mit der Lindenterrasse des Jacob hat – neben den gastronomischen Leistungen – den Ruhm den Hauses gefestigt und »das Jacob« weit über die Region hinaus zu einem Begriff kulinarischen und optischen Vergnügens werden lassen.

Im Gegenzug hat die Lindenterrasse ihrerseits die Phantasie bedeutender Maler auf vielfältige Weise angeregt, zur künstlerischen Entfaltung gebracht und sie bewährte Techniken und Sehensweisen überprüfen und festigen lassen. Über das wiederentdeckte, heute in der Halle des Jacob hängende Liebermann-Gemälde schreibt Bärbel Hedinger, Kustodin am Altonaer Museum:

In dieser Studie verhandelt Liebermann eine künstlerische Problematik, mit der er sich immer wieder beschäftigte: Die Hell-Dunkel-Malerei der akademischen Lehre, die auch als eine ideelle Auseinandersetzung zweier Pole verstanden wurde, bindet Liebermann an Farbmaterie: Das Licht ist in weißer Farbe materialisiert, das Dunkel in Schwarz, Grau oder Braun als Farbe umgesetzt.

Ein Objekt, das so überzeugend künstlerisch anregen konnte und Impulse für die Umsetzung vielerlei künstlerischer Ausdrucksformen zu geben vermochte, wird diese Rolle sicher auch in Zukunft spielen können. Da die neue Eigentümerfamilie des Jacob gerade der bildenden Kunst gegenüber außerordentlich aufgeschlossen ist, wird sie solche kreativen Leistungen in ihrem Haus nach Kräften unterstützen.

Vielleicht beflügelt der Geist Max Liebermanns, der in dem nach ihm benannten, zur Elbe hin gelegenen Zimmer für sensible Menschen sicher noch spürbar ist, einen würdigen Nachfolger des großen Impressionisten, der das Jacob auf seine Weise und mit seinen stilistischen Mitteln künstlerisch in das neue Jahrtausend begleitet.

Ein Biergarten an der Elbschloßbrauerei

Für das Hotel und Restaurant Jacob bedeutete das Ende der wilhelminischen Ära mit den ihm vorangegangenen wirtschaftlichen und sozialen Wechselbädern ein vorläufiges Ende des prosperierenden Betriebs. Die Einführung der Lebensmittelkarte als Folge zunehmender Verknappung von lebensnotwendigen Gütern hatte zwangsläufig nachteilige Folgen für die Gastronomie.

Die Jahrhundertwende war noch von anderen Sorgen bestimmt gewesen. Nachdem die Elbschloßbrauerei im Dezember 1882 ihre Produktion aufgenommen hatte, wurde in Nienstedten zu recht die bange Frage gestellt, ob das Dorf dasselbe Schicksal erleiden würde wie einst Ottensen und ob mit der Ansiedlung eines nicht sehr ansehnlichen Fabrikkomplexes nicht der erste Schritt in eine industrielle Zukunft getan war. Viele Einheimische, denen an der Erhaltung eines idyllischen Nienstedten gelegen war, sahen ihren Elbhang schon durch qualmende Schlote und häßliche Industriebauten verunstaltet.

Glücklicherweise blieb Nienstedten das Schicksal einer zerstörerischen Industrialisierung erspart. Aber Jacob hatte durch ein neues der Brauerei angeschlossenes Ausflugslokal in unmittelbarer Nachbarschaft Konkurrenz bekommen. Dazu eine Konkurrenz, die ihre Kundschaft durch recht originelle und werbewirksame Ideen zu locken verstand: »Thu Euch kund und zu wissen«, ließ der Wirt des Elbschloß-Lokals auf einer reichlich verschickten Postkarte mit einem Foto des Biergartens wissen, »daß ich unter Heutigem, ohne von Jemandem gezwungen oder überredet worden zu sein, mit gutem Vorbedacht, nach reifer Überlegung und bei ganz guter Geisteskraft im Restaurant der Elbschloßbrauerei Nienstedten ... Maß Bier auf Euer Wohl geleert habe, was hierdurch urkundlich bestätigt sei.«

Was Jacob diesem Konkurrenten voraus hatte, war eine gewisse Vornehmheit mit stilvollem Ambiente und das Image, ein Weinrestaurant mit hervorragender Küche zu sein, während die Elbschloßbrauerei mehr das Ungezwungen-Fröhliche des auf Massenbetrieb eingerichteten Biergartens hatte.

Ob es Jacob nun gefiel oder nicht – am Ende erwies es sich, daß Platz für beide war und die alte hanseatische Weisheit, nach der Konkurrenz das Geschäft belebt, im lebendigen Nebeneinander seine Bestätigung fand.

Nienstedten selbst war schon um die Mitte der achtziger Jahre des 19. Jahrhunderts aus seiner ausschließlich dörflichen Struktur herausgewachsen. Das galt besonders auch für die Einwohnerzahl, die um diese Zeit rund eintausend erreicht hatte. Sogar der einzige praktizierende Arzt zwischen Altona und

In Zeitungs-Annoncen wies Jacob auf die verbesserten Verkehrsverhältnisse in der zweiten Hälfte des 19. Jahrhunderts hin.

Blankenese hatte sich hier angesiedelt: der von der Bevölkerung sehr geschätzte Dr. Georg Bonne. Zwei Autoren, die »Die Elbvororte im Wandel« beschrieben haben, sehen Indizien für diesen Wandel gerade im Beispiel des Dr. Bonne: »Zu Beginn seiner Tätigkeit im Dorf trug er, da eine Straßenbeleuchtung fehlte, bei nächtlichen Krankenbesuchen eine ausrangierte Schaffnerlaterne vor sich her. Und erst 1891 ist unter seinem Namen der erste Nienstedtener Telefonanschluß verzeichnetet.«

Im Hotel und Restaurant Jacob hat das technische Wunder des »Fernsprechers« erst später seinen Einzug gehalten.

Dr. Bonne hat auch einen Vorläufer des Bauvereins der Elbgemeinden ins Leben gerufen, der später preiswerte und menschenwürdige Wohnungen für Arbeiterfamilien im grünen Umfeld initiierte. »Innerhalb weniger Jahre«, heißt es in der oben erwähnten Veröffentlichung, »baute der Verein in Nienstedten und Umgebung Heimstätten für 125 Familien mit 504 Kindern.«

Solche Aktivitäten wurden vom Altonaer Magistrat mit gemischten Gefühlen, wenn nicht mit Argwohn beobachtet. Einerseits herrschte in Altona, das unter chronischem Geldmangel litt, drückende Wohnungsnot. So hätte man sich über jeden, der aus der Stadt wegzog und in den unabhängigen Elbgemeinden eine Wohnung fand, eigentlich freuen müssen. Altonas Problem aber war, daß viele Menschen dort nach wie vor arbeiteten. Das bedeutete: Sie verdienten in Altona ihr Geld, aber sie versteuerten es anderswo. Die Konsequenz aus dieser unbefriedigenden Situation war eine sich zunehmend deutlicher artikulierende Forderung, größere Verwaltungseinheiten zu schaffen. Während jedoch die Altonaer Stadtregierung in einem Anschluß an Hamburg Vorteile für die »schöne Schwester« der Hansestadt sah, konnte sich die preußische Regierung mit diesem Gedanken nicht anfreunden. Sie favorisierte die Eingemeindung der Elbvororte in ihre defizitäre Industriestadt.

Der Ausbruch des Krieges hat es zunächst verhindert, solche Vorstellungen weiterzuentwickeln. Aber sie blieben in den Köpfen der Politiker. Und so war es nur eine Frage der Zeit, bis sie realisiert werden sollten.

Auch die Elbvororte selbst waren in den ersten anderthalb Jahrzehnten dieses Jahrhunderts gewachsen, und die Grenzen zwischen ihnen wurden mehr und mehr verwischt.

Als sich der Erste Weltkrieg seinem Ende zuneigte, hatte sich die Einwohnerzahl Nienstedtens gegenüber dem Stand von 1885 verdreifacht. Das war – gemessen an der früheren Wachstumsrate des Dorfes – ein geradezu atemberaubender Bevölkerungszuwachs.

Schwierige Rahmenbedingungen für einen Familienbetrieb

Louis Heinrich Jacob hatte 1895 von seinem Vater ein erfolgreiches und florierendes Restaurant übernommen, das unter seiner Leitung zu einem besonders wegen seiner Lage beliebten Hotel ausgebaut wurde.

In den Jahren des wirtschaftlichen Aufschwungs, die das wilhelminische Reich zunächst gebracht hatte, konnte sich Louis Heinrich Jacob auf dem richtigen Weg glauben. Aber er konnte nicht ahnen, welche Rückschläge ihm und seinem Haus die politische Entwicklung bringen wurde. Und er hat wohl auch nicht ahnen können, daß er die Familientradition der Jacobs im Sinne der gestaltenden aktiven Mitarbeit im Unternehmen beenden würde, daß »Jacob IV.« der letzte sein würde, der die Rolle des Patrons zu spielen bereit war.

Zunächst schienen alle Weichen in die Zukunft gut gestellt. In Hamburg waren bei einer Volkszählung am Übergang ins 20. Jahrhundert etwas weniger als eine Dreiviertelmillion Einwohner gezählt worden. Die Region blühte auf, wenngleich der Wirtschaftsboom auch seine Tücken hatte. Zum ersten Mal war Anfang November 1899 in der Bürgerschaft über die zunehmende Luftverschmutzung diskutiert worden. Ein Ausschußbericht hatte festgestellt, daß

Das Jacob nach dem westlichen Anbau des »Ballsaals«. Postkarte aus dem Jahr 1926

der Schadstoffausstoß der Industrie die Ursache für überhöhte Rauch- und Rußwerte in der Luft waren. Erstmals wurden in einem Baupolizeigesetz Richtlinien für die Einrichtung von Schornsteinen festgeschrieben, und die Industrie wurde aufgefordert, »rauchverzehrende Apparate« zu entwickeln und einzusetzen.

Der größte und wichtigste Arbeitgeber jener Zeit war Hamburgs Hafen. Aber die Arbeit reichte nicht für alle.

Einer Notiz des sozialdemokratischen Blattes »Hamburger Echo« vom 6. Februar 1902 ist zu entnehmen, wie die Arbeiter jeden Morgen darauf hofften, einen Job zu bekommen: »Dann stehen Tausende auf eine Heuer wartende Leute längs den Vorsetzen in drei Gliedern aufmarschiert ... Jeden Morgen bemühen sich dort etwa sechs bis acht Schutzleute, das Trottoir freizuhalten, aber fast vergeblich.«

Um den Wildwuchs privater Arbeitsvermittlung zu beschneiden, regelt ein Reichsgesetz 1903 die Stellenvermittlung für Seeleute. Die sogenannten »Heuerbaase« müssen künftig eine Lizenz für die Vermittlung von Arbeitsplätzen haben und dürfen nebenher weder eine Pension, noch eine Gastwirtschaft oder ein Geschäft für Schiffsausrüstung betreiben.

Der Hamburger Reeder Adolph Woermann initiierte eine »Versorgungskasse Vereinigter Rhedereien auf Gegenseitigkeit«, um Seeleute vor dem sozialen Abstieg zu bewahren. Sie boten den bei ihnen Beschäftigten an, eine Alters- und Invaliditätsversicherung abzuschließen.

Andere Unternehmer waren in sozialen Fragen nicht so weitsichtig. Weil sich nach ihrer Meinung zu viele Arbeiter an den Versammlungen zur Maifeier 1906 beteiligt hatten, wurden tags darauf für zehn Tage 6000 Hafenarbeiter ausgesperrt.

Viele Arbeiter versuchten, sich im ersten Jahrzehnt dieses Jahrhunderts der wirtschaftlichen Not durch die Auswanderung zu entziehen. Auf der Veddel hatte die Hapag, die an den Auswanderertransporten in die »Neue Welt« gut verdiente, eine ganze Auswandererstadt bauen lassen, in der aus ganz Deutschland und Osteuropa in die Hansestadt strömende Menschen vorübergehend bis zur nächsten Schiffsabfahrt wohnen konnten.

Nicht alle, die in Hamburg auf ein Schiff gingen, kehrten der Heimat den Rücken. Vergnügungsfahrten auf der Elbe und nach den Nordseebädern nahmen in den Jahren vor dem Ersten Weltkrieg ständig zu. Für sie wurden 1909 die Landungsbrücken als »Visitenkarte des Hafens« in Betrieb genommen. Besonders rege war der Ausflugsverkehr, wenn die großen Regatten auf der Elbe ausgetragen wurden. Manch ein Segelsportler lachte sich ins Fäustchen, daß die »Meteor« Wilhelms II. bei der Unterelbe-Wettfahrt des Norddeutschen Regatta-Vereins nur als vierte über die Ziellinie ging. Und manch einer wunderte sich, daß die zweitplazierte »Hamburg« eine Woche später bei der Ostsee-Regatta freiwillig aufgab, um dem verärgerten Kaiser wenigstens noch den dritten Platz zu überlassen. »Ihr seid mir schöne Republikaner«, wird Wilhelm mit seinem sächsischen Amtskollegen gedacht haben, wenn er die Geste denn überhaupt bemerkt hat.

Altona erweckte Aufmerksamkeit mit einer Denkschrift über die »Eigenart der wirtschaftlichen Lage der Stadt Altona infolge der ... Nachbarschaft Hamburgs«. Der Altonaer Oberbürgermeister forderte vom Staat Preußen Subventionen zum Ausbau des Fischmarkts und des Hafens, sowie zur Sanierung der Altstadt, die dem Bericht zufolge zur »Wohnstätte des Abschaums aus Hamburg« wurde.

Aber es gab auch kurz vor dem Ausbruch des Ersten Weltkrieges Erfreuliches zu berichten: Bei Blohm & Voss lief im April 1913 der bis dahin größte Passagierdampfer der Welt vom Stapel: Die mit annähernd 55 000 Bruttoregistertonnen vermessene »Vaterland« galt als Symbol deutschen Strebens nach Macht auf den Weltmeeren.

Dann die Katastrophe des Krieges mit seinen tiefgreifenden Wandlungsprozessen. Der Hafen, von dem direkt oder indirekt Dreiviertel der Erwerbstätigen lebten, wurde durch den Abbruch der traditionellen Handelsbeziehungen schwer getroffen. Nur die Hamburger Werften, die für die Rüstung arbeiteten, erlebten einen gewaltigen Aufschwung. Dies geschah vor dem Hintergrund zunehmender sozialer Spannungen, einer von Monat zu Monat schlechteren Lebensmittelversorgung und einer durch die Finanzierung des Krieges über Kredite und Zwangsanleihen bedingten Geldentwertung. Der Senat versuchte, die Not durch Massenspeisungen, die 1916 mehr als 100 000 Menschen in Anspruch nahmen, und durch die Einrichtung von Wärmehallen zu lindern. Im Januar 1918 traten 25 000 Arbeiter auf den Werften und in metall-

verarbeitenden Betrieben in den Streik. Die Unzufriedenheit über die schlechte Versorgungslage artikulierte sich zunehmend vor dem Hintergrund allgemeiner politischer Unzufriedenheit. Daran konnten auch die vielen sogenannten Kriegsausstellungen nichts ändern, in denen man dem staunenden Volk Beutewaffen bis hin zu gegnerischen Flugzeugen präsentierte.

Der »Steckrübenwinter« 1916/1917 löste Unruhen aus, die zu Ausschreitungen eskalierten, als Brotrationen, die anstelle fehlender Kartoffeln bewilligt worden waren, gekürzt wurden. Hamburgs Polizei sah sich gezwungen, zu ihrer Unterstützung Infanterie und Husaren aus Altona anzufordern. Bald darauf sprang der Funke der Empörung auf die Nachbarstädte über. Am 24. Februar 1917 brachen auch in Altona Lebensmittelunruhen aus, die nur noch mit Militärgewalt zu beherrschen waren.

Im November 1918 war der Krieg zu Ende. Am 5. des Monats war die sogenannte Novemberrevolution von Kiel auf Hamburg übergesprungen. Einen Tag später übernahm ein Arbeiter- und Soldatenrat die Macht, und am 9. November erklärte Wilhelm II. seine Abdankung als Deutscher Kaiser. In Berlin rief Philipp Scheidemann noch am selben Tag die Republik aus.

Freitisch für eine Senatorenfamilie

Am 7. April 1922 starb Louis Heinrich Jacob. Das anekdotenträchtigste Original der Familie hatte damit die Bühne des Lebens verlassen.

Der vierte der Dynastie scheint neben dem Gründer des Hauses die stärkste Persönlichkeit gewesen zu sein, und dazu ein Mann, der sich der Würde seiner Familientradition bewußt war. Einer seiner Zeitgenossen hat einige Jahre nach dem Tod Jacobs zu Protokoll gegeben, wie familienbewußt sich der Patron in jeder Situation gab: »Wenn der verstorbene Herr Jacob alte Erinnerungsgegenstände aus der entzückenden Biedermeier-Vitrine am Eingang seines Hauses herausnahm, um sie den Gästen zu zeigen, dann pflegte er zu sagen: ›Von Papa‹, ›von Großpapa‹ oder auch ›von Urgroßpapa‹, je nachdem.«

Nicht nur ein ausgeprägtes Familienbewußtsein verband die männliche Jacob-Linie über fast anderthalb Jahrhunderte, auch eine unverkennbare Familienähnlichkeit vererbte sich jeweils vom Vater auf den Sohn.

Jacob V., getauft auf den Namen Louis Carl Matthias, hat sich noch als Sechzigjähriger lebhaft an seinen Vater und seinen Großvater erinnert und ihr gutes Aussehen und die eindrucksvolle stolze Erscheinung gepriesen, die durch das silberweiße Haar noch an Würde gewann. Der wortgewaltige Erich Lüth hat das mit dem Satz kommentiert: *Sie wirkten wie Regenten, doch weniger im fürstlichen Sinne als etwa im Sinne jener Bürgerregenten, wie sie die Holländer Frans Hals und Rembrandt gemalt haben. Wenn sie alterten, so nahmen sie Wesen und Haltung von Patriarchen an. Und in eben dieser Haltung imponierten sie königlichen Gästen, die ihnen wohl den Rang, doch nicht die Würde voraus hatten.*

Was Jacob V. vielen anderen voraus hatte, waren seine Begegnungen mit den Großen dieser Welt, die dem 1895 Geborenen schon in jungen Jahren vergönnt waren. Wenn auch nur aus der Ferne. Denn weder Prinz Heinrich, den passionierten Seefahrer des Preußenhauses, noch König Ludwig von Bayern hat der Junge mit einem artigen »Diener« persönlich begrüßen dürfen. Wenn der sprichwörtliche rote Teppich ausgerollt wurde, waren die »öffentlichen Räume« des Hotels für die Kinder tabu.

Louis Heinrich Jacob (1855-1922) mit seiner Frau Marie Antonia Franziska (1860-1940)

Sie durften nur von einem sicheren Versteck aus gelegentlich einen Blick auf die tafelnden Fürstlichkeiten werfen. Die Kinder konnten dann ihre Enttäuschung nicht verbergen, daß die herrschaftlichen Gäste »keine Krone trugen« und eigentlich nicht anders aussahen als andere Gäste.

Über seinen Vater berichtete Louis Carl Matthias Jacob, er sei trotz der vielen überlieferten, von eigenwilligem Witz geprägten Aussprüche alles andere als ein »Humorist« gewesen. Eher müsse man ihn als still und nachdenklich bezeichnen. Für sein Leben gern wäre er Wissenschaftler geworden, aber die Familienräson habe ihn schließlich bewogen, das Erbe der Väter anzutreten. Vielleicht war diese Diskrepanz zwischen Berufung und Pflicht der Schlüssel zu dem manchmal recht sonderbaren Verhalten des »alten« Jacob. Zeitgenossen hatten ihn beobachtet, wie er an heißen Sonntagen auf seiner Lindenterrasse, wenn kein Stuhl mehr unbesetzt war, völlig verstört über den großen Andrang zwischen den Gästen herumlief. Dabei hatte er ein voluminöses schwarzes Kassenjournal unter den Arm geklemmt, als befürchte er, jemand könne ihm das Geheimnis seines Umsatzes entlocken. An anderen Tagen allzu großen Andrangs sei er einfach schon am frühen Nachmittag ins Bett gegangen, um sich dem harten Alltag eines Gastronomen auf elegante Art zu entziehen.

Obwohl die Jacobs durch ihr weit über Hamburgs Grenzen hinaus bekanntes Restaurant, in dem sich »die Gesellschaft« traf, selbst auch eine gewisse gesellschaftliche Rolle spielten, pflegten sie keineswegs den Lebensstil, den ihr Haus verkörperte. Mochten auf der Speisekarte an der Elbchaussee auch Kaviar, Hummer, Fasan und Edelfische stehen – am Familientisch gab es meistens solide Hausmannskost. »Deftiges«, wie man in Norddeutschland sagt, selbstgebackenes Roggenschrotbrot, Katenschinken, heimische Gemüse und beileibe nicht die edlen französischen Weine, die im Keller des Jacob lagerten, sondern sehr oft Hamburger Bier.

»Manchmal«, so erinnerte sich Jacob V., »steuerte die Mama Marie Antonia Franziska, die aus Österreich stammte, ihre einzigartigen selbstgebackenen ›Kipferln‹ bei.«

Solche Zurückhaltung im »kulinarischen Alltagsbetrieb« entsprach hanseatischer Mentalität und war keineswegs ein Indiz für übertriebene Sparsamkeit. Es ist überliefert, daß die Jacobs außerordentlich großzügig sein konnten, wenn es im Sinne patriarchalischer Fürsorge darum ging, sich für das Wohl altgedienter treuer Mitarbeiter einzusetzen. Besonders der dritte und vierte Jacob hatten solche Hilfsbereitschaft, die mit dem Begriff »hausväterliche Fürsorge« sicher zutreffend beschrieben ist, zum Lebensstil entwickelt. Und sie durften erleben, daß es ihnen ihre Mitarbeiter durch treue Anhänglichkeit dankten. Mit einer Mischung aus Stolz und Rührung erinnerte man sich in der Familie jenes uralten Bauern Timm aus Osdorf. Er war einst bei Jacob angestellt gewesen und hatte ein Darlehen erhalten, um auf irgendeine Art die Basis für seine Alterssicherung zu legen. Als die Inflationsjahre nach dem Ersten Weltkrieg das gesamte Wirtschaftsgefüge auf den Kopf stellten und mit einem Schlag alle Hypotheken getilgt waren, mochte der greise Bauer Timm diesen Glücksfall, der die Wirtschaft lähmte und ihn persönlich begünstigte, für sich nicht akzeptieren. Als das Preischaos 1923 endlich ein Ende fand und bald darauf die Rentenmark, die Hamburger

On the postcard image: "Elbchaussée." "Gruss aus Nienstedten."

Die Elbchaussee mit dem Hotel und Restaurant Jacob von Westen her gesehen

Goldmark und die übrigen Zahlungsmittel durch die Reichsmark abgelöst wurden und damit ein wirtschaftlicher Neuanfang möglich war, tauchte der Bauer immer noch regelmäßig bei Jacob auf. Artig lieferte er seine Zinsen ab, als der Anspruch des Gläubigers schon längst erloschen war. Jacob hatte keine Chance, die Zahlungen zurückzuweisen. Bauer Timm untermauerte das mit der Feststellung: »Sie haben mir damals gutes Geld gegeben. Nun will ich auch den Zins in gutem Geld zahlen!«

Solche Beweise von Aufrichtigkeit waren ein Lichtblick in der Zeit schwerer sozialer Erschütterungen nach dem Ersten Weltkrieg.

Als einen Lichtblick empfand man bei Jacob auch eine alte Dame namens Margaretha Stehr, die im September 1848 in Blankenese zur Welt gekommen sein soll, und die noch im hohen Alter ihren Kirchgang in Nienstedten absolvierte

und bei der Gelegenheit auch einige Friedhofsbesuche machte. Danach pflegte sie im Jacob zu speisen. Nun war allerdings der Weg vom Strandweg herauf für die betagte Dame äußerst beschwerlich, und so stellte sich nach dem Essen eine unbezähmbare Müdigkeit ein. Margaretha Stehr legte sich deshalb regelmäßig auf ein Sofa in einem Nebenraum und hielt ein erholsames Mittagsschläfchen. Der Kellner hatte Order, sie zum Kaffee zu wecken. Nachdem sie sich – wie die alten Blankeneser sagten – »so richtig gepflegt« und Kräfte gesammelt hatte, trat sie wacker ihren Heimweg an. Bis weit über ihr 70. Lebensjahr hinaus, so berichten Zeitzeugen, habe sie dieses Ritual mit Billigung des Hauses Jacob eingehalten.

Nicht alles, was sich in jenen Jahren der jungen Weimarer Republik ereignete, liest sich so amüsant wie die Geschichte der Margaretha Stehr.

Margot Jacob, Ehefrau des letzten Erben in der männlichen Ahnenreihe und 1981 verstorben, hat noch kurz vor ihrem Tod lebhafte Erinnerungen an jene Zeit zu Protokoll gegeben, die sie als 21jährige miterleben mußte. Damals, so berichtete sie, seien die einst so wohlhabenden Gäste ausgeblieben, weil die Geldentwertung ihnen jede Chance nahm, ihren einstigen Lebensstandard aufrechtzuerhalten. Andere, die auf ein gelegentliches Abendessen in gewohntem Ambiente nicht verzichten wollten, mußten sich dafür von persönlichem Besitz trennen: Sogar Familiensilber wurde bei Jacob in Zahlung gegeben, was immerhin ein eindrucksvolles Indiz für die Wertschätzung war, die man seinem Stammrestaurant entgegenbrachte.

Wo nichts mehr in Zahlung zu geben war, hatte Louis Heinrich in den ersten Jahren der jungen Republik noch einmal sein Herz unter Beweis gestellt: Angehörige einer angesehenen Senatorenfamilie erhielten von ihm einige Monate lang einen Freitisch.

Sein Sohn Louis Carl Matthias Jacob war zu diesem Zeitpunkt schon fest entschlossen, nicht aktiv im Familienunternehmen tätig zu sein. Schon sein Großvater, der in Erwägung gezogen hatte, eine akademische Laufbahn einzuschlagen, hatte für sich die Fortsetzung der gastronomischen Tradition in Frage gestellt. Schließlich aber war in ihm dann doch der Entschluß gereift, in die Fußstapfen seines Vaters zu treten.

Der fünfte Jacob tanzte aus der Reihe und wurde in einem verwandten Metier erfolgreich: Er gründete ein Importgeschäft für Markenspirituosen, während die Louis Jacob GmbH das Restaurant und Hotel bewirtschaftete.

Mit dem Tod Louis Heinrich Jacobs hatten sich in und um Nienstedten Gerüchte verbreitet, die das Ende der Jacobschen Familientradition heraufbeschworen und den Fortbestand des Hauses für nicht gesichert hielten. Der Korrespondent des »Hamburger Anzeigers« schilderte ein paar Jahre später, als auf dem Elbhang wieder alles im rechten Lot war, die Stimmungslage in der ersten Hälfte der zwanziger Jahre:

Als sich vor einigen Jahren in Hamburg die Nachricht breitete, Jacobs Gasthof solle verkauft werden, fürchteten die Hamburger diese ihnen liebgewordene Erholungsstätte werde einem Massenlokal mit Bierausschank und Kegelbahnen weichen müssen.

Die Hamburger haben sich inzwischen beruhigt. Sie haben erfahren, daß die Jacobsche Gaststätte in die Hände eines renommierten Gastronomen gekommen ist, der die Tradition des alten Hauses zu erhalten versteht.

Die Befürchtung, Nienstedten werde seine gute alte Hamburgensie verlieren, ist auch später immer wieder geäußert worden. Bei jedem Pächterwechsel wurden solche Zweifel laut, und in der Tat gab es ja später mehr als einmal Indizien, die solche Zweifel als nicht ganz ungerechtfertigt erscheinen ließen.

Aber das Jacob ist geblieben und gegen Ende dieses Jahrhunderts sollte ihm noch eine glanzvolle Renaissance bevorstehen, die alle Traditionen des Hauses in das nächste Jahrtausend führen wird. Auch der Name der großen Gastronomenfamilie bleibt in der Firmenbezeichnung »Louis C. Jacob« erhalten.

Einen »leibhaftigen« Louis allerdings hat es nach dem fünften Namensträger nicht mehr gegeben. Louis Carl Matthias Jacob hatte keinen Sohn. Er war Vater zweier Töchter. Keine der beiden, so verriet er 1955 dem Journalisten Hannes Steffen, habe den Vornamen »Louise« auf sich nehmen wollen: »Sie protestierten dagegen schon in der Wiege.«

Ein neuer Pächter steuert den alten Kurs

Nachdem die Familie Jacob die Bewirtschaftung ihres Unternehmens in fremde Hände gegeben hatte, brach für das Haus eine wechselvolle Zeit an.

Im November 1925 kam das Gastronomen-Ehepaar Else und Albert Nibbes ins Geschäft und schlossen mit der Witwe Jacob, die den Anforderungen eines gehobenen gastronomischen Unternehmens nicht gewachsen war, einen langjährigen Pachtvertrag. Drei Jahre lang hatte es Marie Antonia Franziska Jacob auf eigene Faust versucht; denn ihr Sohn Louis Carl Matthias war nicht zu bewegen gewesen, sich im Familienunternehmen persönlich zu engagieren.

Schon kursierten in Nienstedten und Blankenese Gerüchte, daß sich an der traditionsreichen Stätte auf dem Elbhang ein Massenlokal etablieren würde, ähnlich dem »Biergarten« einen Kilometer elbaufwärts. Dazu kam es glücklicherweise nicht. Die Familie gründete eine »Louis Jacob GmbH in Nienstedten« und legte damit den Grundstein für die Fortführung des Hauses unter dem Namen, der in über 130 Jahren einen so guten Klang bekommen hatte.

Das Ehepaar Nibbes hatte das Glück, an das bis zum Tode Louis Heinrich Jacobs Bestehende anknüpfen zu können und das inzwischen legendäre Jacob einfach im alten Stil weiterführen zu müssen, um erfolgreich zu bestehen

Auch schon in den zwanziger Jahren war das gegenüber der Nienstedtener Kirche gelegene Jacob ein beliebtes Hochzeitsrestaurant.

und das Haus sogar noch einem neuen Höhepunkt zuzuführen.

Wirtschaftskrisen und Inflationszeit hatten viele der Gäste vorübergehend daran gehindert, sich den gewohnten Genüssen hinzugeben, aber die alte Klientel des Jacob hatte das Genießen durch ein paar Jahre Enthaltsamkeit nicht verlernt. Vor allem hatte sie auch in schwerer Zeit nicht ihren Humor verloren und mit einem Augenzwinkern zur Kenntnis genommen, was auf den Notgeldscheinen des Jahres 1922 zu lesen gewesen war: »Mensch, schimp nicht op de slechte Tied / wie hebbt hüt Geld noch mehr als Schiet.« Wenn auch Geld, das nichts wert war!

Nach und nach begann man auch die Lebensfreude zurückzugewinnen. Hamburgs bedeutendste Zeitung, das »Hamburger Fremdenblatt« schickte einen Reporter nach Nienstedten, und der zeichnete ein zeitloses Genrebild: »Feiertagsstimmung, Sonne und Fröhlichkeit, Fahnen im Wind, Musik aus der Ferne. Ein Sommernachmittag in Jacobs Garten.

An weißgedeckten Tischen sitzen die Gäste und lassen den Blick an Baumsilhouetten vorüber, durch Blättergerank hindurch verträumt und glücklich ins Weite schweifen. Tief unter ihnen der große, graue Fluß, der auf seinen Fluten die Schiffe ins Meer trägt.«

Die offenkundige Begeisterung des Schreibers für das Jacob mündete in die rhetorische Frage ein: »Was ist Jacob? Ein Hotel? Ein Gasthof? Ein Café? Keines von allem. Jacob ist eine Sehenswürdigkeit Hamburgs, eine Sache für sich!«

In der Rückschau fiel das Urteil des »Fremdenblatt«-Korrespondenten nicht weniger begeistert aus:

»Ein Besuch bei Jacob«, notierte er 1926 angesichts der schweren Zeiten nicht ohne eine gewisse Wehmut, »das war ein Erlebnis, auf das man sich vorbereitete – eine Tagesreise, die spät in der Nacht ihren Abschluß fand. Die Auswahl der Speisen war nicht groß; Hummer, Steinbutt und ein Sonntagsbraten mit frischem Gemüse, über das es sich lohnen würde, ein eigenes Kapitel zu schreiben. Schmucke freundliche Mädchen in Blankeneser Tracht setzten die Speisen, die stets reichlich und gut waren, auf den Tisch.«

An dieses alte Erfolgsrezept hielt sich auch der Gastronom Albert Nibbes mit seiner Frau, und die beiden konnten erleben, wie ihre Bemühungen um einen neuen Aufschwung des Jacob belohnt wurden.

Was sie nicht wissen konnten und wohl auch nicht ahnten, war der politische Umbruch mit seinen Folgen, dessen Vorboten sich bereits ankündigten.

Zunächst aber profitierte auch das Jacob von der Aufbruchstimmung, die sich zwischen den beiden Weltkriegen für kurze Zeit breitmachte, und die mit den Hoffnungen auch die Freude am genußvollen Leben entfachte.

Nienstedten war längst nicht mehr so weit von der Stadt entfernt. Anders ausgedrückt: Die Stadt hatte sich von ihren Vororten – auch die S-Bahnlinie nach Blankenese wurde »Vorortsbahn« genannt – wenn auch einstweilen noch nicht durch Grenzverschiebungen, so doch im Bewußtsein der Menschen angenähert. Die gegenläufigen Bestrebungen Altonas (das gern nach Hamburg eingemeindet worden wäre) und der preußischen Regierung (die Altona durch den Anschluß der Elbgemeinden stärken wollte) wurde zunächst zugunsten Preußens entschieden, das den von ihm gewünschten Schritt 1927 vollzog. Eigentlich aber war klar, daß es auf lange Sicht dabei nicht bleiben würde, auch wenn viele der Randgemeinden

Erinnerungsfoto einer Silberhochzeitsfeier 1925. Auch damals schon war es Tradition, Familienfeste bei Jacob zu feiern.

sich davor fürchteten, von der Hansestadt geschluckt zu werden. Auf den Elbinseln Altenwerder und Finkenwerder reimte man: »Groot Hamborg will gern överswappen / uns Inseln as nen fetten Happen!«

Ganz so dramatisierte man die längerfristig unbefriedigende Situation in den Dörfern am Nordufer der Elbe nicht. Nicht zuletzt auch deshalb, weil die meisten Landhausbesitzer Hamburger Kaufleute waren, die sich eher Vorteile von einem »Anschluß« versprachen.

Daß Groß-Hamburg schließlich schneller und ohne demokratische Umschweife realisiert werden sollte als den meisten lieb war, daran war einstweilen noch nicht zu denken.

Das Jacob wird zu einer »Hamburgensie«

Die Eingemeindung der reichen Elbgemeinden nach Altona hatte der damalige Bürgermeister Altonas, Max Brauer, schon 1927 durchgesetzt. Zugleich hatte er sich für die Hafengemeinschaft Altonas mit Hamburg eingesetzt und Preußens Zustimmung zur gemeinsamen Entwicklung des Wirtschaftsgebietes Groß-Hamburg erwirkt. Das war der kleinste gemeinsame Nenner, auf den man sich in der Groß-Hamburg-Frage einigen konnte, die in der Hansestadt schon zu Beginn des Ersten Weltkriegs diskutiert worden war. Inzwischen war die Stadt weiter gewachsen, stieß überall an die preußischen Grenzen und war auf der Suche nach Flächen für die Hafenerweiterung und für die Erschließung neuer Wohngebiete, insbesondere in Richtung Walddörfer.

Die Hafengemeinschaft, die im Dezember 1928 besiegelt wurde, war der Vorreiter einer künftigen Entwicklung; denn sie sah vor, daß der Ausbau des Hamburger Hafens unabhängig von den existierenden Landesgrenzen vorangetrieben werden sollte. Gut ein halbes Jahr später nahm die Hamburg-Preußische Hafengemeinschaft den Betrieb auf. Damit verfügten Hamburg und Preußen über ein gemeinsames Planungs- und Ausbauinstrument. Darüber hinaus wurden die Ordnungen für die Hafenpolizei, die Hafenlotsen und das Hafengeld vereinheitlicht. Die beiden beteiligten Staaten Hamburg und Preußen dokumentierten durch diesen politischen Akt, daß sie sich beide von einer Expansion des Hamburger Hafens Vorteile erhofften. Zunächst aber konnten die Chancen, die darin lagen, wegen der folgenden Wirtschaftskrisen zwischen 1928 und 1933 nicht genutzt werden.

Der Hafen durchlebte eine schwere Rezession. Bis 1932 fielen die Frachttarife auf rund 70 Prozent ihres Standes vor dem Ersten Weltkrieg. Weit über 400 Schiffe mußten aufgelegt werden. Die Hapag mußte jedes fünfte Schiff ihrer Flotte aus dem Verkehr ziehen. Hamburgs Hafen verzeichnete einen Umschlagsrückgang von 32 Prozent. Die Hälfte aller Hafenarbeiter verlor ihren Job. Die Arbeiter bei Blohm & Voss mußten Lohneinbußen bis zu 50 Prozent hinnehmen.

Im März 1933 besetzten die Nationalsozialisten, die bei den vorangegangenen Reichstagswahlen fast 40 Prozent der Stimmen errungen hatten, auch das Hamburger Rathaus. Das Land marschierte seinem Verhängnis entgegen und zog die Welt in den verlustreichsten aller Kriege hinein.

Fünf Tage nach dem Hamburger wurde auch das Altonaer Rathaus besetzt. Bürgermeister Max Brauer, der nach dem Krieg Regierungschef in Hamburg werden sollte, floh vor den braunen Machthabern und emigrierte schließlich in die USA.

Für Deutschland war eines der dunkelsten Kapitel seiner Geschichte angebrochen. Auch wenn das heraufziehende Unheil bei weitem noch nicht alle wahrhaben wollten! Zunächst einmal erleichterte die von den Nationalsozialisten aufgebaute zentrale Verwaltungsstruktur die territoriale Neuordnung, die von den meisten Betroffenen als sinnvoll gewünscht worden war:

Altes Haus — Photo: Bieber, Hamburg

HOTEL UND WEINRESTAURANT
„JACOB"

NIENSTEDTEN BEI HAMBURG, ELBCHAUSSEE
INHABER: ALBERT NIBBES

Alte historisch bekannte Hamburger Gaststätte aus dem Jahre 1791. ◄ Innen vollständig neu eingerichtet und mit allem Komfort ausgestattet. ◄ Großer schattiger Garten mit altem Baumbestand und Terrassen. ◄ Schönster Ausblick auf den Elbstrom.

Alte Diele — Photo: Bieber, Hamburg

1925 erlosch die Familientradition im Jacob. Das Gastronomenehepaar Else und Albert Nibbes pachtete den Betrieb und warb mit Großanzeigen in Magazinen.

Am 1. April 1937 trat das Groß-Hamburg-Gesetz in Kraft, das die bis dahin preußischen Orte Altona, Harburg-Wilhelmsburg, Wandsbek und 27 Gemeinden zu Hamburger Stadtteilen machte.

Der Prozeß des kontinuierlichen Zusammenwachsens war in Altona und seinen Elbvororten schon am weitesten fortgeschritten, wenngleich sich die Altonaer, die von den Hamburgern stets als die »armen Verwandten« betrachtet wurden, sich mancherlei Spott gefallen lassen mußten. In der wohlhabenden Hansestadt kursierte eine Geschichte, die erkennen läßt, wie man die Altonaer diesseits der durch das Nobistor gekennzeichneten Grenze sah: Da habe auf dem menschenleeren Heiligengeistfeld mutterseelenallein ein weinender Mann gesessen, zu dem ein freundlicher fremder Herr trat, dem Mann die Hand auf die Schulter legte und fragte, ob er ihm helfen könne.

»Mir kann niemand helfen«, sagte der Mann resigniert.

»Ich vielleicht doch«, antwortete der Fremde; »denn ich bin der liebe Gott!«

Der Mann faßte Hoffnung und sagte: »Mein Gott, ich bin aus Altona!«

Da, so behaupteten die Hamburger, habe der liebe Gott seine Hand vor die Augen gelegt, sich neben den Mann gesetzt und mitgeweint.

Mit der Verabschiedung des Groß-Hamburg-Gesetzes gewann Altona Anschluß an die norddeutsche Metropole, deren Staatsgebiet sich annähernd verdoppelte und deren Bevölkerungszahl um über 40 Prozent auf fast 1,7 Millionen Menschen anstieg.

Der Journalist Hans Günther Freitag kommentierte das Ereignis: »Die letzte

„Weinrestaurant Jakob, Nienstedten bei Hamburg"   „Flämische Weinstube"

Das Jacob ist bis zum Ausbruch des Zweiten Weltkriegs mehrfach umgestaltet worden. Oberstes Gebot war »Gemütlichkeit«.

Stunde des einst so stolzen Altonas als selbständige Stadt schlug in den Jahren der NS-Diktatur. Das mag ein Zufall gewesen sein, denn auch in einem demokratischen Deutschen Reich hätte Altona wohl früher oder später aus Gründen der wirtschaftlichen und städtebaulichen Vernunft seine Eigenständigkeit aufgeben müssen; aber doch ist auch dies eine Altonaer Merkwürdigkeit, daß die Stadt der Freiheit und Toleranz ausgerechnet in den bitteren Jahren des totalitären NS-Regimes von den Landkarten gelöscht wurde. Die Altonaer selbst hatten dabei kein Wort mitzureden – es wurde verfügt und angeordnet.«

Aus dem einst vom Dänenkönig konzessionierten Restaurant Jacob war nach fast anderthalb Jahrhunderten nun auch formal die »Hamburgensie« geworden, als die es die meisten der Gäste eigentlich schon immer gesehen hatten.

Vom Air-Force-Quartier zum Kinderheim

Der Aufstieg des Jacob zu einem nun auch geografisch Hamburger Lokal fiel in eine Zeit, die es der Gastronomie nicht leicht machte. Die neuen Machthaber scheinen das Jacob nicht als eine bevorzugte Adresse für sich selbst betrachtet zu haben. Jedenfalls ist weder Pressenotizen noch persönlichen Aufzeichnungen der Parteiprominenz zu entnehmen, daß es offizielle Besuche bei Jacob gegeben hätte.

Zunächst scheint die Gastronomie noch zufriedenstellende Umsätze gemacht zu haben. Die Versorgungslage verlangte bis zum Beginn des Krieges kaum Einschränkungen, obwohl man für ein Essen im Restaurant Lebensmittelkarten vorlegen mußte. Die Umstellung auf die Rationierung im September 1939 war recht gut verkraftet worden und hatte die Gastronomie kaum berührt. Erst 1940, als das Brot knapp wurde, machten sich erste Einbrüche bemerkbar. Die Situation verschlechterte sich dramatisch, als im April 1942 die Brotrationen des sogenannten Normalverbrauchers von 2250 Gramm pro Woche auf 2000 Gramm reduziert wurden. Statt 400 Gramm Fleisch gab es nur noch 300 Gramm, und die Fettrationen wurden um 25 Prozent zurückgenommen.

Trotzdem galt das Jacob um diese Zeit zumindest in einigen Künstlerkreisen im Nienstedtener Einzugsbereich immer noch als gern frequentierte Adresse. Auch noch im August 1942, als Hamburg gerade einen lange erwarteten Angriff von 304 Maschinen der Royal Air Force überstanden hatte, bei dem im Stadtgebiet mehr als 500 Großfeuer und

weit über 2000 kleinere Brände ausgelöst worden waren. Aber prominente Gäste konnten an der Elbchaussee immer noch für damalige Verhältnisse erlesen tafeln. Dies ist einem Satz in einem Brief zu entnehmen, den der Bildhauer Martin Ruwoldt, der in der Baron-Voght-Straße ein reetgedecktes Haus bewohnte, an seine Frau geschrieben hatte. Der Brief bezieht sich auf eine Einladung des Malers Ivo Hauptmann: »Gestern hat Ivo angerufen«, schreibt Ruwoldt, »um mich zum Rheinlachs bei Jacob zu bewegen. Hatte aber Modell, so war es nicht.«

Rheinlachs mitten im Krieg – das war sicher eine ungewöhnliche Perspektive, die nicht allzu viele gastronomische Betriebe zu bieten hatten. An der Elbchaussee gingen die Uhren ein wenig anders. Was man bis zu diesem Zeitpunkt vom Krieg mitbekommen hatte, war zunächst wenig beunruhigend gewesen. Sobald die Alarmsirenen losheulten, wurden am Elbufer Nebelbomben gezündet, die das Elbegebiet bis nach Schulau unter einem Nebelschleier für feindliche Flugzeuge praktisch unsichtbar machen sollten.

Obwohl Nienstedten auf dem Anflugweg vom Westen kommender alliierter Bomberverbände lag, schienen die etwas weiter von der Innenstadt und dem Hafen entfernt gelegenen Dörfer wenig gefährdet. Aber je kürzer die Abstände zwischen der »Entwarnung« und dem neu ausgelösten Fliegeralarm wurden, desto mehr beunruhigte man sich auch hier. Zunehmend verbrachten die Nienstedtener die Nächte in Luftschutzkellern. Flakfeuer, Kanonendonner und das bedrohliche aggressive Brummen feindlicher Kampfverbände lösten Ängste aus, die die Menschen veranlaßten, zum Teil notdürftig hergerichtete Schutzräume aufzusuchen.

Schließlich wurden die Angriffswellen auf die Stadt so dicht, daß man auch in den sonst so geruhsamen Elbvororten die Auswirkungen des Luftkrieges unmittelbar zu spüren bekam. Der Ethnologe und Geograph Prof. Dr. Franz Terner, Direktor des Völkerkundemuseums, wohnte damals in der Nähe des Bahnhofs Hochkamp und beschrieb zwei Tage später das Schauspiel, das in der Nacht auf den 25. Juli 1943 von Nienstedten aus in Richtung Hamburg zu beobachten gewesen war: »Auf breiter Front, von Nord nach Süd ein einziger Feuerschein, darüber, himmelhoch aufgerichtet, drohend mit scharf abgesetzten Rändern, in sich wirbelnd in kleinen Bäuschchen, eine riesige Wolke über der Stadt, während bei uns klarer Sternenhimmel war. Ich wurde lebhaft an einen Vulkanausbruch erinnert ...«

Noch während der Angriffe war auch in Nienstedten das elektrische Licht ausgegangen und die Wasserversorgung zusammengebrochen. Der Gasdruck reichte nicht mehr aus, um eine Flamme zu entzünden. Auch die Telefonverbindungen waren unterbrochen, und Bahnverbindungen gab es nicht mehr. Als sich Professor Terner zu Fuß in sein Museum an der Rothenbaumchaussee durchschlagen wollte, stellte er fest, daß die Bombenabwurfzone an der Grenze nach Bahrenfeld lag.

Am Nachmittag des 25. Juli zog der Brandgeruch Hamburgs, über dem nun eine »schweflig-bräunliche« Wolke hing, auch nach Nienstedten. Gleichzeitig kamen die ersten Menschen an, die vor dem Feuersturm aus der Stadt geflüchtet waren. Sie kamen teilweise in den Villen unter, und auch im Jacob wurden Menschen einquartiert. Fährdampfer hielten den Verkehr zwischen der Stadt und den Elbvororten aufrecht, und von der Elbe aus war zu beobachten, daß vereinzelt auch Häuser auf dem Elbhang den Bomben zum Opfer gefallen waren.

Insgesamt aber waren die Menschen westlich der Stadt gut davongekommen, außer – wie es in einer Dokumentation der Schreckenstage heißt – »daß in ihren Gärten Asche und halbverbrannte Papierfetzen herumlagen und daß auch bei ihnen allmählich die Wasser-, Gas- und Stromversorgung ausfiel«.

Erst ein Jahr später, am 30. Oktober 1944, wurden auch die Elbvororte schwerer getroffen. 22 Menschen kamen bei den Angriffen allein in Groß Flottbek ums Leben, auch Nienstedten hatte etliche Tote zu beklagen.

Für die Flüchtlinge aus den zerbombten Stadtvierteln wurden Behelfsunterkünfte hergerichtet. Sogar im Jenisch-Haus brachte man Obdachlose unter; später wurden in dem großbürgerliehen Prachtbau zehn Notwohnungen abgeteilt.

Dem Jacob blieben Einquartierungen im größeren Umfang erspart. Aber von einem geordneten Geschäftsbetrieb konnte in den letzten Kriegsmonaten nicht mehr die Rede sein.

Die Kapitulation des Deutschen Reichs im Mai 1945 bedeutete auch für das Jacob eine Zäsur: Die britische Besatzungsmacht requirierte das Haus für Militärangehörige und machte das Jacob – wie übrigens auch das Vier Jahreszeiten an der Binnenalster – zu einem Transit-Hotel für die Offiziere. Immerhin verriet die Wahl einen guten Geschmack und ein Gespür für feine Adressen. Die Vermutung, die gelegentlich die Runde machte, die Kommandeure der Royal Air Force hätten den Nienstedtener Elbhang nur deshalb von Bombenabwürfen verschont, weil sie schon während des Krieges mit dem Gedanken gespielt hätten, hier einmal zu residieren, ist natürlich eine hübsche Legende. Tatsächlich aber nahm die Royal Air Force für etliche Monate im Jacob Quartier.

Als sich die Verhältnisse – auch die des Zusammenlebens zwischen Briten und Deutschen – zu normalisieren begannen, wurde das Haus wieder freigegeben. Angesichts der sozialen Not, vor allem des Wohnraummangels, war allerdings noch nicht an die herkömmliche Nutzung zu denken. In den Gästezimmern wurden Kriegswaisen und andere Heimkinder untergebracht, die in den geräumigen Sälen herrlich herumtoben konnten, und von der Gourmetküche mit Eintopfgerichten verpflegt wurden.

Es ist leicht nachvollziehbar, daß nach einer solchen Einquartierung, die einige Jahre dauerte, nicht mehr viel vom alten Interieur überlebt hatte. Ein Teil der Antiquitäten war auf dem Boden verstaut worden. Weniger wertvolle Möbel waren in einer Zeit, als am Elbhang hinter dem Jacob uralte Baumgruppen abgeholzt und zu Brennholz verarbeitet worden sind, in die Kachelöfen gewandert.

Was die Not übriggelassen hatte, reichte angesichts der neuen Nachkriegsbescheidenheit aus, um wieder fröhliche Familienfeste zu feiern. Gleich nach der Währungsreform am 20. Juni 1948 begannen sich die Auftragsbücher des Jacob wieder zu füllen.

Maritime Schauspiele als Hochzeitsgeschenk

Erst zehn Jahre nach dem Ende des Krieges konnte man den Betrieb bei Jacob wieder normal nennen im Sinne dessen, was man den Gästen bis 1940 geboten hatte. Als die Pächter Jürgen und Ingeburg Parbs den Betrieb übernahmen, war das gröbste Chaos bereits beseitigt und mit den kargen Mitteln, die nach dem Krieg zur Verfügung standen, wieder aufgebaut, was innerhalb von 15 Jahren ruiniert worden war.

Ein glanzvoller Neuanfang der großen Familienfeste wurde nach einigen Generalproben im September 1949 nicht nur in Nienstedten selbst registriert, sondern fand auch in der Hamburger Presse seinen Niederschlag.

Eine der ersten spektakulären Hochzeiten, die nach der Währungsreform wieder bei Jacob gefeiert wurden, charakterisierte eine Zeitung im September 1949 etwas schwülstig: »Als dem Himmel gemeldet wurde, daß am Sonnabend eine Hamburger Hochzeit steigen würde, bei der eine Fusion der Herzen mit Blumen, Glückwünschen, Orgelton und Glockenklang stattfinden solle, wurden in der Wetterabteilung die dem großen Ereignis entsprechenden Vorbereitungen getroffen.«

Das mit dem Wetter ging in Ordnung. Jedenfalls mußte das Jacob-Personal die neuen gestreiften Markisen an der Wasserseite des Hauses ausfahren, um die

In der Nachkriegszeit hatten gastronomische Spitzenleistungen und exzellenter Service bei Jacob wieder einen hohen Stellenwert.

»Geschäftsfreunde der weitverzweigten Branchen der Fischerei und der Handelsschiffahrt«, die reichlich erschienen waren, gegen die Nachmittagssonne zu schützen. Bei der »Fusion der Herzen« handelte es sich um Claus Peter Andersen von der Reederei C. Andersen und Hella Gehrckens von der Reederei H. M. G.

Etwas Besonderes, das den Gästen (und den Zaungästen) geboten wurde, erregte genau das Aufsehen, das von beiden Familien beabsichtigt war: Der Dampfer »Reemt« und die »Haperada« fuhren als Vertreter beider Reedereien über die Toppen geflaggt in langsamer Fahrt elbabwärts. Ein Zeitzeuge berichtete: »Die Mannschaften, an der Reling angetreten, brachten drei Hipp, Hipp, Hurras aus, die von dem Brüllen der Dampfpfeifen untermalt waren.«

Ende der vierziger Jahre, in denen die junge Bundesrepublik noch längst nicht alle Rechte an der Schiffahrt hatte und immer noch mit den von den Siegermächten über Deutschland verhängten Beschränkungen leben mußte, empfanden die Hamburger ein solches Spektakel als willkommene Abwechslung, die auch Hoffnungen auf bessere Schiffahrtszeiten wachhielt.

Reeder und der Schiffahrt auf andere Art verbundene Hamburger hatten sich immer in besonderem Maß zum Jacob hingezogen gefühlt. Und die kleine »Flottenparade« anläßlich der Hochzeit 1949 hatte sogar ein Vorbild, das schon zu Zeiten der berühmten P-Liner Aufsehen erregte. Als Junge hatte Louis C. Jacob noch den Windjammer-Reeder Carl Laeisz auf der Lindenterrasse erlebt. Dort stand er oft, wenn eines seiner legendären Schiffe mit so respekteinflößenden Namen wie »Potosi« oder »Preussen« unter vollen Segeln die Elbe heraufkam. Die Kapitäne, die wußten,

daß ihr Chef dort oben stand und voller Stolz seine schnellen Rahsegler begrüßte, erwiesen dem Reeder die ihm gebührende Ehre: Die weiße Reedereiflagge mit den roten Buchstaben »FL« war gehißt, und die Mannschaft stand salutierend in den Rahen.

Solche maritimen Schauspiele als Reminiszenz an alte Zeiten wurden später seltener. Auch bei Jacob hatte alles seine Zeit, und die Zeit war über derlei spektakuläre Selbstdarstellungen hinweggegangen.

Was die Zeit erhalten hatte, war der Anspruch des Jacob, Schauplatz großer Hochzeiten zu sein. »Silberhell erklingen jeden Tag die kleinen gläsernen Hochzeitsglocken bei Jacob«, schrieb Dagmar Gerth 1963 in einer Sonntagszeitung. »Jenes gläserne Glöckchen aus Frankreich, ein kostbares Geschenk des Hauses an die Braut, soll abends den Ehemann ›heimläuten‹.«

Dieses kleine Geschenk war eine hübsche Werbeidee des Gastronomen-Ehepaares Parbs, mit dem es die Erinnerungen des Brautpaares nachhaltig an das Haus band. So fällt denn auch tatsächlich bei vielen früheren Gästen das Stichwort »Hochzeitsrestaurant«, wenn man sie bittet, das Jacob mit einer einzigen Vokabel zu kennzeichnen. Sicher hat die gegenüberliegende Nienstedtener Kirche ihren Teil zu diesem Image beigetragen.

Hans Leip, durch seine literarischen Arbeiten über Hamburg und die Schiffahrt im Alter selbst zu einer »Hamburgensie« herangereift, hat ein hübsches Feuilleton über »Die unaufhörliche Gartenlust« geschrieben, in dem auch das Jacob eine kleine Statistenrolle spielt. Vor allem eines hat ihn am Standort fasziniert, das er auf die einfache Formel brachte: Wo der liebe Gott eine Kirche baue – und die Nienstedtener Dorfkirche mit dem herrlichen Fachwerk ist ja eines der schönsten Zeugnisse dafür, daß sich der liebe Gott auch aufs Ästhetische versteht – da errichtet der Teufel daneben ein Wirtshaus.

Die Tatsache ist anzuerkennen – der Bewertung des Literaten ist nicht zu folgen, auch wenn das nahegelegene Teufelsbrück den Gedanken als nicht so abwegig erscheinen läßt. Aber sicher hätte der Teufel sein Haus nicht über einem Gottesacker errichtet, wie die Bauarbeiten bei der Erweiterung des Jacob kurz vor der Jahrhundertwende dies zutage gefördert haben.

Erich Lüth, durchaus ein Freund weltlicher Genüsse, hat den Verdacht Hans Leips mit einer anderen überzeugenden Beweisführung zurückgewiesen: »Wie wäre es sonst zu erklären, daß die Pastoren der hübschen Nienstedtener Pfarrkirche oft Gäste am Jacobschen Familientisch waren, mit geübter Zunge dem Jacobschen Rotspon zusprachen und durch viele Jahrhunderte hindurch den Brauteltern, deren Töchter sie drüben auf der anderen Straßenseite am Altar der Pfarrkirche getraut hatten, empfahlen, sich den Hochzeitsschmaus bei Jacob auftragen zu lassen!«

Damit es auch in kulinarischer Hinsicht ein für das jungvermählte Paar wie für die Gäste nicht zu vergessendes Ereignis wurde, beschäftigte Jürgen Parbs ein Heer von Köchen, und die Holzregale in dem weitläufigen Keller bogen sich unter der Last von rund 30 000 Flaschen: allesamt erlesene Gewächse; denn der Jacob-Pächter hatte schon bei der Übernahme 1955 erklärt, er wolle den verpflichtenden Namen Jacob zu neuem Glanz erwecken, darin sehe er seine Lebensaufgabe.

Den vielbeschworenen Traditionsanspruch, den zu erfüllen das Jacob seine Pächter allein schon durch seine historisch gewachsene Einzigartigkeit verpflichtete, war 1956 durch den Entschluß der Kulturbehörde bekräftigt worden, das Restaurant in die Denkmalliste aufzunehmen. Damit war für das Gebäudeensemble mit einiger Verzögerung nachgeholt, was schon früher für die Linden gegolten hatte. Sie waren seit 1948 geschützt.

Dem Ehepaar Parbs gelang es, das älter gewordene Stammpublikum wieder enger an das Jacob zu binden, und diese »Wirtschaftswunder-Gesellschaft« führte auch die jüngere Generation an das Haus heran. So blieb denn, trotz der Unterbrechung durch den Krieg und das Elend der Nachkriegsjahre, wenigstens eine Konstante bestimmend, die seit den achtziger Jahren des 19. Jahrhunderts für viele treue Gäste den Charme des Hauses ausgemacht hatte: Das Jacob hatte als »Familienrestaurant« im besten Sinne des Wortes überlebt. Auch der Brauch, hier die Hochzeitsfeier für seine Kinder auszurichten und dabei stolz zu verkünden, auch die Eltern und Großeltern hätten hier bereits den schönsten Tag ihres Lebens zelebriert, wurde wieder gepflegt und von der Öffentlichkeit gebührend zur Kenntnis genommen. Sogar das »Hamburger Echo«, ein Blatt, das eher auf der Seite derer stand, die sich eine Familienfeier im Jacob nicht leisten konnten, widmete dem Haus unter dem Titel »Königsgeschlecht der Gastlichkeit« am 16. November 1957 einen umfangreichen Beitrag. Besonders beeindruckt zeigte sich der Korrespondent von der »Blankeneser Stube«: *In der mit Hamburger Wandmalereien nach alten Stichen geschmückten »Blankeneser Stube« bullert jetzt abends der altdeutsche Kachelofen mit seinen handgemalten Kacheln. Auf den Bauerntischen brennen Kerzen, deren Schein die bunten Glasfenster zum Leuchten bringt.*

In dem zur Elbseite gelegenen Biedermeierzimmer, so hatte der Schreiber beobachtet, seien die Fensterplätze immer begehrt. Und gut ausgebucht sei auch das im oberen Stockwerk eingerichtete separate Sitzungszimmer mit dem herrlichen Elbblick gewesen. Und weiter hieß es in dem »Echo«-Artikel:

Im neuen Teil des Hauses liegt das eigentliche Restaurant mit dem kleinen Hotel, der Veranda, dem »Blauen Salon«, der offenen, durch Infrarotstrahlung erwärmten Terrasse und der Festsaal. Die mannigfachen Kücheneinrichtungen sind auf den neuesten Stand gebracht, so daß der weitgereiste Küchenchef Herbert Lange die Feinschmeckerzungen zufriedenstellen kann.

Aber auch Hamburger Labskaus und die uns so beliebten Fischgerichte sind hier »verdaulich«. Im Sommer hat der Koch 17 Köche nebst einer Zahl von Lehrlingen zur Seite, das ganze Haus hat 85 Mitarbeiter, unter ihnen Kellner aus vielen Ländern, die die hohe Schule der Zubereitung am Tisch beherrschen.

Kein Zweifel: Das Jacob hatte wieder Anschluß gefunden an seine über viele Jahrzehnte gepflegte gastronomische Tradition, und nicht nur in Hamburg wußte man das zu schätzen.

Schmiedeeisen, Schleiflack und eine Porzellankutsche

Als der Krieg zu Ende war, ließ die Erleichterung darüber, noch einmal davongekommen zu sein und wenigstens das Leben gerettet zu haben, das Bedürfnis nach dekorativer Neugestaltung kaum zur Entfaltung kommen. Überhaupt ein Dach über dem Kopf zu haben, war den meisten Menschen genug. Die Konzentration auf das Wesentlichste ließ kaum Energien fürs Ästhetische übrig. Erst als das sogenannte »Wirtschaftswunder« auf seinen Höhepunkt zusteuerte, das »Leben« mehr bedeutete als schlichte Bedürfnisbefriedigung, wuchs auch wieder die Bereitschaft, dem Rahmen für gesellschaftliche Ereignisse Glanz zu geben.

In den späten sechziger Jahren hatte das Jacob die kriegsbedingten Investitions-Versäumnisse ausgeglichen und präsentierte sich seinen Gästen wieder – so ein Prospekt – mit »Tradition, Eleganz und modernem Komfort.«

Das traditionelle Ambiente war allerdings sehr vom Stil der fünfziger Jahre überlagert. Die Antiquitäten aus dem 19. Jahrhundert waren mit Mobiliar in neuzeitlichem Design kombiniert worden. Allein das vielgerühmte Biedermeierzimmer hatte sein Beschaulichkeit ausstrahlendes Flair unverfälscht erhalten können: Mit seinen originalen Mahagonimöbeln, den gestreiften, mit floralem Dekor aufgelockerten Polsterbezügen, der gefälligen Schauvitrine mit Erinnerungsstücken aus der Jacobschen Familiengeschichte, mit der zierlichen Anrichte, dem anheimelnden, vermutlich aus einer Altonaer Manufaktur stammenden Kachelofen und mit den die besondere Atmosphäre unterstrei-

chenden Wanddekorationen – angefangen bei dem gute und schlechte Tage verkündenden Regency-Barometer bis hin zu dem streng aus dem Rahmen auf die Festgesellschaft blickenden »alten Jacob« – mit allen diesen aus den Anfangsjahren des Hauses stammenden Accessoires hatte das Biedermeierzimmer ein Stück der Jacob-Identität in unser Jahrhundert transportiert. Die Gäste wußten das zu schätzen und nutzten es wie schon vor dem Krieg mit Vorliebe für ihre Familienfeiern.

Außerhalb des Biedermeierzimmers hatte die Nachkriegszeit mit ihren Trends zu einfachen und übersichtlichen Formen unverkennbare Spuren hinterlassen: weiße Schmiedeeisen-Ornamente zwischen lackierten Säulen im Restaurant entsprachen ebenso dem Zeitgeschmack wie Schleiflackstühle im Stil des Chippendale.

Im Grillrestaurant hatten die Pächter ein rustikales Ambiente im englischen Landhausstil angelegt. Kräftige grüne Leinendecken auf den Tischen, auf die Imitationen von Petroleumlampen ihre Lichtkegel warfen, unterstrichen das ländliche Flair ebenso überzeugend wie die dunklen Deckenbalken. Sie gaben dem Raum jene Art von urwüchsiger Ausstrahlung, die Hamburger in Ermangelung griffigerer Kennzeichnungen gern mit der vieldeutigen Vokabel »gediegen« umschreiben.

Dem Nachkriegsgeschmack entsprach auch die Ausstattung des Festsaals, dessen weiße Stühle mit den ovalen Polsterrückenlehnen entfernt an die Formensprache des Empire erinnerten. Die Stühle sind – sicher in der Hoffnung, das Mobiliar mit Aussicht auf Gewinn vermarkten zu können – in großen Stückzahlen auf einer Auktion aufgekauft worden. Tatsächlich wurden sie später mehrfach, aber offenbar erfolglos in Anzeigenblättern der Elbvororte als »Jacob-Stühle« annonciert. Dasselbe gilt für einige Kronleuchter aus derselben Zeit, die zwar dekorativ sind, aber ohne jeglichen historischen Wert.

Typisch für die Zeit waren auch die in den sechziger Jahren auf die Lindenterrasse gestellten Gartenmöbel: Schlichte Metallstühle, die zwar nicht mehr die Ausstrahlung der von Max Liebermann gemalten, an Küchenmöbel erinnernden Holzstühle der Jahrhundertwende hatten, die aber pflegeleicht waren.

Das wohl erinnerungsträchtigste Accessoire fröhlicher Familienfeste, das als Symbol für Hochzeitsfeiern im Jacob stand, war das Porzellanmodell einer Hochzeitskutsche. Auf einem Prospekt der frühen sechziger Jahre ist das kleine Kunstwerk noch abgebildet: eine von vier Schimmeln gezogene geschlossene Equipage im Renaissancestil, gelenkt von einem livrierten Kutscher und begleitet von einem Diener, bereit, dem Brautpaar die Tür zu öffnen. Das voluminöse Kunstwerk, das aus einer Dresdner Manufaktur oder aus Meißen gestammt haben könnte, steht auf einem mit ornamentalem Schmuck verzierten Porzellansockel und ist liebevoll bemalt, wobei die Künstler nicht mit Gold gespart haben.

Die Kutsche zierte viele Jahrzehnte lang als besondere Attraktion bei Hochzeitsessen die Festtafel. Ohne diese Kutsche, die zu einer Art Markenzeichen des Jacob geworden war, wäre eine Hochzeitsfeier nicht denkbar gewesen.

Wohin das Schicksal das kleine Kunstwerk verschlagen hat, ist nicht bekannt. Noch in der zweiten Hälfte der sechziger Jahre lenkte das vielbestaunte Schaustück alle Blicke auf sich und krönte die Hochzeitsfeiern. Danach verliert sich die Spur der Kutsche auf den dunklen Pfaden vielfacher Pächter- und Besitzerwechsel.

Das Jacob-Inventar wird versteigert

1966 feierte das Jacob sein 175jähriges Jubiläum. Es stand zu diesem Zeitpunkt immer noch – oder gemessen an dem kriegsbedingten Niedergang: schon wieder – auf dem Höhepunkt seines gastronomischen Ruhms.

Der in Köln ansässige »Club der Gourmets« hatte kurz zuvor eine Liste »lukullischer Restaurants in der Welt« veröffentlicht und darin das Jacob auf eine Stufe mit »Maxim's« in Paris, dem »Ristorante Pasetto« in Rom, der »Taverne Fenice« in Venedig, dem »Club Twenty One« in New York und der »Bastei« in Köln gestellt.

Zwei Jahre später zeichnete Mailands bedeutendste Tageszeitung »Il Giorno« fünf Feinschmeckerrestaurants in aller Welt aus. Die Besetzung der Top-Liste hatte sich verändert. In New York wurde »The Four Seasons« in den Rang der Spitzengastronomie erhoben, in Paris das »Tour D'argent«, in London das »Savoy« und in Moskau hatten die Tester im »Intourist« gefunden, was sie suchten. Und wieder war das Jacob »ad Hamburgo« dabei, das damit seine Beständigkeit in der gastronomischen Leistung unter Beweis stellte.

Eine solche Aufwertung blieb nicht folgenlos: Hamburgs Senatskanzlei nahm das Jacob in den exklusiven Kreis der »Staatsrestaurants« auf. Dies geschah offenkundig auf Betreiben des Direktors der Staatlichen Pressestelle, Erich Lüth, der unermüdlich das Loblied dieser gastronomischen Hamburgensie sang und an ihr nicht nur seine Leidenschaft für edle Tafelfreuden, sondern auch sein ausgeprägtes historisches Interesse ausleben konnte. So ist es kein Zufall, daß Erich Lüth neben dem Heimatforscher Otto Hintze zum wichtigsten Biographen des Jacob wurde, wenngleich ihn die schlechte Materiallage zu mancherlei Spekulationen verführt hatte.

Mit der Politik hielt auch die Prominenz aus anderen Lebensbereichen ihren Einzug ins Jacob. Die großen Literaten: Henry Miller, Carl Zuckmayer, Erich Kästner, Willy Haas und Rudolf Kinau trugen sich in das Gästebuch ein. Aus der Glamourwelt des Kinos kamen Hans Albers und Albrecht Schoenhals, Hubert von Meyerinck und Walter Giller mit seiner Frau Nadja Tiller, O. E. Hasse und Dieter Borsche, Johannes Heesters und Grethe Weiser, Ingrid van Bergen, Marika Rökk und Louise Ullrich. Showgrößen wie Vico Torriani, Michael Jary und Zarah Leander genossen ihr abendliches Diner mit Elbblick. Und natürlich auch Stars der Bühne: Gustaf Gründgens, Will Quadflieg und Maria Callas ebenso wie die Intendanten Oscar Fritz Schuh und Heinz Hilpert. Im Gästebuch finden sich Namen von Wissenschaftlern wie Professor Eugen Kogon neben denen von Abenteurern wie Felix Graf Luckner, Autogramme von Kirchenoberen wie Landesbischof D. Hanns Lilje stehen einträchtig neben denen der prominenten Sportler wie »Hänschen« Frömming und Sepp Herberger. Und unzählbar sind die Eintragungen von Politgrößen, allen voran die Hamburger Lokalmatadore Max Brauer und Adolf Schönfelder, aber auch Bundesminister wie Höcherl, Mende und Schröder.

Das Original des Jacobschen Gästebuchs mit seinen unschätzbar wertvollen Eintragungen ist den Weg aller Sammlerobjekte gegangen und liegt heute vermutlich in irgendeinem Tresor irgendeines Autogrammsammlers.

Zum 175. Jubiläum hat Erich Lüth noch einen Blick hineinwerfen können, und er hat glücklicherweise wenigstens eine Seite herauskopiert, die »Prominenz pur« dokumentiert. Darunter Namen, deren Träger sich ihren Ruf als Gourmets durch unverhohlen zur Schau getragene Genußfreude, gepaart mit unanfechtbarer kulinarischer Kennerschaft redlich verdient haben.

Das Kulinarische im Jacob – das mußte keineswegs immer das durch klangvolle (und dem Laien unverständliche) Begriffe aufgewertete, mit Raffinesse komponierte Menü sein, wie es die Feinschmeckerzunft regelmäßig auszudrücken wußte, wenn sie bei Jacob ein »Diner Amical der Confrérie de la Chaine de Rôtisseurs« zelebrierte. Da war dann die Rede von »Le cocktail d'huitres à la mode du patron«, »Les quenelles de brochet truffées«, »Le canard à la Presse Rouennaise« und »Le sabayon au vin blanc«.

Auch darauf mußte sich der Küchenchef des Jacob verstehen, wollte er seinem Haus den international guten Ruf eines Gourmet-Tempels erhalten.

Grundsätzlich aber war das Jacob sei-

Prominenz pur: Große Namen sind im Gästebuch der fünfziger und sechziger Jahre verewigt.

Ein offener Grill galt in den Jahren der Wirtschaftswunderzeit als non plus ultra der gehobenen Gastronomie.

nem bürgerlichen Anspruch treu geblieben. Cocktail von Pampelmusen, Champignon-Cremesuppe und Brüsseler Poularde waren die kulinarische Ebene, auf der sich die meisten der hanseatischen Familien, die ihre Feste ins Jacob legten, wohlfühlten. Wer andere Geschmacksrichtungen bevorzugte, baute Gänseleberpastete, Rheinlachs vom Rost oder Kalbsrücken »Orloff« in sein Menü ein. Immer aber hielt sich das ganze in dem Rahmen, der hanseatischem Selbstverständnis und Understatement entsprach.

Und da es sich die Küchenbrigade zur Regel hatte werden lassen, bis ins kleinste Detail perfekt zu sein, galt die Gastronomie des Hauses als unübertrefflich. Das Haus leistete es sich (und konnte es sich leisten!), unmittelbar nach der Kür zu einem der fünf besten

Restaurants der Welt, einen kulinarischen Kontrapunkt zu setzen, wie er hamburgischer nicht sein kann: In Zeitungsanzeigen verkündete das Weinrestaurant und Hotel Jacob seine Auszeichnung im »Il Giorno« und lud zugleich zu einer Frühlingsanfangs-Spezialität ein: holländische Matjes mit Schneidebohnen und Holsteiner Katenschinken mit frischem Stangenspargel. Der »alte Jacob« hätte seine helle Freude an diesem Bekenntnis zur kulinarischen Schlichtheit haben können; denn sie lag ganz auf seiner Linie.

So hat sich denn das Jacob auch kaum von jenen gastronomischen Modeströmungen beeinflussen lassen, die beim Publikum immer wieder Verwirrung stifteten. Gerade die sechziger Jahre hatten ja neue Gewohnheiten geboren, die aus einem neuen Lebensstil resultierten.

Der vielzitierten »Freßwelle« des ersten Nachkriegsjahrzehnts, in dem lange Entbehrtes nachgeholt wurde und manch ein Gourmet-Diner zur Gourmand-Orgie verkam, folgte eine Zeit zunehmenden Qualitätsbewußtseins. Einem auf ein hohes gastronomisches Niveau programmierten Haus konnte das nur recht sein. Es brauchte ja nur seiner Linie zu folgen, um nahtlos an die eigene glanzvolle Vergangenheit anzuknüpfen.

Lediglich in Kleinigkeiten wie etwa der Tischdekoration, auf die man im Jacob immer großen Wert legte, drückte sich das neue Lebensgefühl mit seinem Trend zu neuen ästhetischen Bedürfnissen aus. Und da traute man sich dann schon einmal zu kleinen modischen Eskapaden. Die Information, daß man zu Silvester 1966 der »Goldfasanen-Gelatine in Champagner-Aspik« und dem »Seezungenfilet ›Belon‹ mit Sauce Chablis, Mandelreis und Fleurons« flambierte Tournedos »Biedermeier« zu servieren gedachte, wurde dem Gast nicht mehr auf Büttenpapier, sondern auf einer edel changierenden rosafarbenen Seidenimitation vermittelt.

Die Zukunftsaussichten schienen so rosig zu sein wie das Stück Kunstseide mit der aufgedruckten Speisenfolge, hätte nicht bald darauf ein Paukenschlag das Jacob und seine Gäste schlagartig aus allen Träumen von Edelgastronomie gerissen. »Maden, Mäuse und Bazillen in der Küche«, schlagzeilte die Bild-Zeitung, die sich allerdings mit Namen zurückhielt. »Das Blankeneser Schöffengericht«, schrieb das Boulevardblatt, »wird sich in Kürze mit einem Skandal im Hamburger-Prominenten-Restaurant J. in Hamburg-Nienstedten befassen. Laut Anklageschrift wurden

in der Küche des Lokals verdorbene Lebensmittel verwendet. Neben den Lebensmitteln wurde Mäuseschmutz gefunden. Fettrückstände waren mit Bazillen verseucht … Hotelpächter P. soll seine Angestellten nicht ausreichend beaufsichtigt haben.«

Schnell waren auch die Karikaturisten zur Hand, die einem Taxi zwei würdevolle Katzen entsteigen und diese von livrierten Dienern in den Eingang unter einem vornehmen Baldachin geleiten ließen. Wobei die eine der anderen den Besuch mit der Bemerkung so recht schmackhaft machte: »Hier soll man phantastisch Mäuse essen!«

Am Ende erwiesen sich die Vorwürfe als reichlich übertrieben. Nachdem der Pächter »P.« das belastete Personal entlassen und die Restaurantküche mit rostfreiem Stahl hygienisch neugestaltet hatte, war alles wieder im Lot.

Jedenfalls für kurze Zeit. Dann hatte Parbs die Lust verloren, und es kündigte sich ein Pächterwechsel an, wie er konsequenter nicht sein konnte. Mit dem Gastronomen Armin Gustav sollte das Jacob total umgestaltet werden, und das bedeutete, sich von Liebgewordenem zu trennen. Der Auktionator Heinrich Schopmann erhielt den Auftrag, nicht nur das gesamte Inventar, sondern auch die edlen Weine zu versteigern, die im Keller lagen. Lediglich die Diele mit einigem kostbaren Mobiliar und Erinnerungsstücken aus der Jacob-Geschichte, so hatten die Erben des letzten, 1963 verstorbenen männlichen Jacob-Nachkommen bestimmt, sollte erhalten bleiben. Und für einen Teil des Inventars ließ sich Margot Jacob ein Vorkaufsrecht einräumen. Die Versteigerung wurde für den 27. bis 29. Oktober 1970 angesetzt.

Verärgerung über das Vorkaufsrecht

Es waren drei Tage, die nicht nur den Nienstedtenern unter die Haut gingen. Wer sich nur ein Fünkchen Leidenschaft für Traditionen und Würde einer gastronomischen Legende bewahrt hatte, der spürte, daß an diesem Oktober-Wochenende des Jahres 1970 eine Ära zu Ende ging. Nicht, daß es dem Ereignis an gravitätischem Ernst gefehlt hätte – dafür stand schon die Nummer Eins unter Hamburgs Auktionatoren, der abzuwägen verstand zwischen feierlicher Ernsthaftigkeit und der Notwendigkeit, der Bieterfreude seines Publikums von Zeit zu Zeit durch einen feinsinnigen Witz auf die Sprünge zu helfen.

Aber Totalversteigerungen, auch wenn sie als freiwillig deklariert sind, haben etwas Bedrückendes. Und wenn es sich gar um eine Institution wie das Jacob handelt, dann berühren sie nicht nur die direkt Betroffenen.

Die Liste dessen, was innerhalb von drei Tagen den Besitzer wechseln sollte, umfaßte weit mehr als 600 Positionen. Sie reichte von einer vierteiligen Barock-Sitzgarnitur und einer zwölfflammigen Kristall-Krone über Schauvitrinen, Registrierkassen »für neun Kellner«, Perserteppiche, Holzvertäfelungen, Bleiverglasungen und eine Durchreiche mit antiken Kacheln. Hier kam sogar unter den Hammer, was ziemlich niet- und nagelfest war. Sogar vier Leuchtschriften mit dem Namen »Jacob« wurden angeboten, für die allerdings offenbar niemand so recht Verwendung hatte. Der mehrfache Ausruf des Auktionators verhallte ungehört.

Interessant und der Grund für viele Bieter, sich mit der Hoffnung auf ein »Schnäppchen« in dem überfüllten Festsaal zu drängen, waren die wirklichen Kunstwerke. Auch wenn es wegen der schlechten Akustik im Saal mancherlei Kommunikationsprobleme und Mißverständnisse gab. Als Schopmann nämlich ein Bismarck-Gemälde von Lenbach aufrief und ein Gebot über 4 000 Mark abgegeben wurde, bemerkte eine ältere Nienstedtenerin: »Für einen echten Rembrandt ist das aber wirklich zu billig.«

Das Lenbach-Gemälde wurde unter Vorbehalt zugeschlagen. Und das war bei weitem nicht das einzige Stück, bei dem der Auktionator achselzuckend und unter lautstarken Unmutsäußerungen des Saalpublikums erklärte: »Es tut mir leid, ich kann ihnen dieses Stück nicht geben. Das Vorkaufsrecht wird in Anspruch genommen.«

Dieses Vorkaufsrecht hatten sich die Erbengemeinschaft der Familie Jacob und der neue Pächter Armin Gustav zusichern lassen, um die schönsten Stücke in ihren Besitz zu bringen.

Sie nutzten dieses Vorkaufsrecht so rigoros, daß selbst dem sonst so gelassenen Heinrich Schopmann der Spaß verging und er großen Beifall der 250 Gäste für die Bemerkung bekam: »Wenn ich vorher gewußt hätte, wie das laufen würde, hätte ich diese Versteigerung nicht durchgeführt!«

Am Ende blieb dann doch noch einiges übrig, wenn auch nicht unbedingt die edelsten Einrichtungsgegenstände: Garderobenständer, Perserteppiche, Fayencen, ein Kleinklavier mit Nußbaumgehäuse, altes Zinn und Kupfer, aber auch ganze Salons und Restaurationsküchen-Einrichtungen. Sogar Türbeschläge und eiserne Laternen wechselten den Besitzer, dazu 2400 Gläser, Krüge, Flacons, Bestecke, Pufferformen und Vasen. Eine Hochzeitskutsche aus buntem Porzellan wurde für 300 Mark zugeschlagen, wobei nicht mehr auszumachen ist, ob dies das vielgerühmte Dekorationsstück war. Denn ein Auktionsbesucher charakterisierte das Schaustück als »ungeheuer kitschig«. Und das hatte von der früheren Tischdekoration niemand zu sagen gewagt.

Manches, was im Katalog angepriesen worden war, erschien dem mit der gehobenen Gastronomie wenig Vertrauten als erklärungsbedürftig. Bei der »original französischen Entenpresse« gab der Journalist Bernd Schiller den »Welt«-Lesern Nachhilfeunterricht:

Die Zeremonie war einmalig in der deutschen Gastronomie. Der Chef de table trägt die goldbraune und wunderbar duftende Ente ins Biedermeierzimmer. Auf einem zierlichen Tischchen vor den Gästen steht silberglänzendes Gerät, Handrad, Schnekkengewinde, Füllbehälter – die »Entenpresse«. Die Chaine de Rôtisseurs des Meisters blitzt wie das Tranchierbesteck. Die Ente muß Scheiben lassen, Keulen und Fleisch kommen in eine Kupferpfanne, dazu Rotwein, ein Schuß Cognac, eine Prise Paprika. Das Entenskelett wird derweil in der Presse »ausgedrückt«; Marksaft rinnt in die Pfanne. Die Enten sind aus Rouen herbeigeflogen worden.

Numeriert und nur auf Vorbestellung wurden sie als Spezialität für Gourmets im Weinrestaurant Jacob an der Hamburger Elbchaussee serviert.

Auch die wertvollen Weine, die im Auktionskatalog angeboten worden waren – darunter allein rund eintausend Flaschen roter und weißer Bordeaux und ebenso viele Burgunder – dürften inzwischen den Weg alles Vergänglichen gegangen sein. Mit den Weinen kam unter den Hammer, was wesentlich zum Ruhm des Jacob mit beigetragen hatte. Manch einer der Mitbietenden mag sich gewundert haben, warum sich Pächter und Eigentümer von einigen edlen Gewächsen trennten, obwohl die Weine den Jacob-Keller zu Spottpreisen verließen. Dabei hätten Kenner wissen können, welche Kostbarkeiten es hier zu ersteigern gab; denn der Auktionator hatte sogar eine Degustation zugelassen. So wurde ein 1957er Chateau Mouton-Rothschild für nur ganze 37 Mark die Flasche versteigert, der doch auf der Weinkarte mit 118 Mark ausgewiesen war. Wer Glück hatte, ergatterte sogar einen 1957er Chateau Les Ricards für sage und schreibe unter vier Mark. Und ein schlichter Tischwein, bei Jacob traditionsgemäß auch immerhin von respektabler Qualität, war schon für unter zwei Mark zu haben.

Als Heinrich Schopmann nach drei Tagen zum letzten Hammerschlag ausholte, ging auf dem Nienstedtener Elbhang eine Ära zu Ende.

Hamburg war gespannt, wie sich das neue Kapitel hanseatischer Gastronomiegeschichte lesen würde, das der Pächter Armin Gustav mit seiner Frau zu schreiben beabsichtigte. Immerhin hatten die Gustavs bereits bewiesen, daß sie das gastronomische Handwerk beherrschten. Mit dem »Gustav Adolf von Schweden«, dem »Rosenhof« in Planten un Blomen und dem »Café Wilm« als Deutschlands ältester Konditorei hatten sie in der Stadt ihre Meisterstücke abgeliefert und Maßstäbe gesetzt. Ihnen traute man zu, auch dem Jacob eine neue Zukunft geben zu können.

Die »Lustige Witwe« zum Sonntagskaffee

Am 4. Oktober 1970, wenige Tage nach dem Totalausverkauf des Jacob, ließen Jürgen Parbs und seine Frau in Zeitungsanzeigen mitteilen:

Unseren Gästen und Freunden möchten wir zur Kenntnis geben, daß das Weinrestaurant und Hotel Louis C. Jacob am 26. Oktober 1970 geschlossen wird. Bis zum letzten Tage werden Sie bestens und in gewohnter fachkundiger Weise bedient ...

Den 65 Beschäftigten des Hauses war zu diesem Zeitpunkt schon gekündigt worden.

Kein Mitarbeiter, so hatte Parbs sichergestellt, werde auf die Straße gesetzt. Aber es ging, wie bei derart spektakulären Veränderungen üblich, nicht ohne Fingerhakeleien. Besonders für die 15 Kochlehrlinge, so befürchtete die Gewerkschaft Nahrung, Genuß, Gaststätten, werde es schwierig werden, neue geeignete Ausbildungsbetriebe zu finden. Und sogleich drückte die Gewerkschaft ihr Mißfallen darüber aus, daß der bisherige Pächter die Bildung eines aktiven Betriebsrats immer wieder zu verhindern versucht hatte.

Schließlich kam dann für die 65 Mitarbeiter doch alles in Ordnung. Der größte Teil wurde vom Haus Vaterland am Ballindamm übernommen, andere kamen im Hotel Reichshof an der Kirchenallee unter.

Der neue Pächter wollte vieles anders machen. Zumindest sollte das Jacob wieder den Charakter eines Familienbetriebs bekommen. Um die ständige Präsenz im Haus zu gewährleisten, zogen Armin und Gisela Gustav ins Souterrain unter dem Restaurant und dem Festsaal.

Zunächst aber ließ Gustav das Haus in eine Baustelle verwandeln. Zum 180jährigen Jubiläum, so hatte er sich vorgenommen, sollte sich das Haus in einem neuen Glanz präsentieren. Rund eine Million Mark hatte er dafür bereitgestellt. Die Vorgabe lautete: Das Blankeneser Zimmer, das Biedermeierzimmer und der Festsaal sollten in ihrer äußeren Gestalt unangetastet bleiben. Alles andere unterlag keinem Tabu, und so sah es denn auf der Baustelle aus, als würden die Architekten keinen Stein auf dem anderen lassen. Der verwinkelte Keller erhielt zwei neue große Tiefkühlräume, neue Lagerräume für Wein und die Wohnungen für die Pächterfamilie und den Hausmeister. Endlich wurde auch der alte, mühsam zu bedienende Kohlenkessel der Heizungsanlage gegen eine Ölheizung ausgewechselt. Die Küche und die Konditorei wurden modernisiert, und alle Böden ließ der Bauherr mit einem neuen Estrich befestigen.

Die für die Gäste auffälligsten Veränderungen wurden hinter der Lindenterrasse vorgenommen: Ein holzgetäfeltes Grillrestaurant für 60 Personen, das dem Zeitgeschmack entsprechend mit seiner rustikalen Ausstattung deutliche Anklänge an ein »Western Steak House« hatte, stellte sich darauf ein, seine Gäste bis Mitternacht zu bewirten. Auf einem offenen Holzkohlengrill wurden ausgewählte Spezialitäten vor den Augen des Gastes zubereitet, und das neue Restaurant wurde zu recht als das »Herzstück des neuen Jacob« charakterisiert.

Der bisherige »Kellnergang« im Mittelteil des Gebäudekomplexes wurde abgerissen. An seiner Stelle wurde ein neuer zweigeschossiger Bau errichtet. Auf diese Weise wurden die beiden äußeren Bauteile des Ensembles miteinander verbunden. Das Haus wurde funktionsgerechter, und das war eine wichtige Voraussetzung für die Kapazitätserweiterung von 260 auf 350 Plätze.

Die Gästezimmer im ersten Stock hatten mit ihren 24 Betten eine Renovierung bitter nötig. Ohne eigene moderne Bäder und Toiletten konnte ein Hotel zu Anfang der siebziger Jahre kaum noch den Anspruch erheben, als komfortabel zu gelten. Auch Selbstwähltelefone und Fernsehgeräte in allen Zimmern gehörten fortan zur Ausstattung des Jacob.

Im oberen Stockwerk wurden Personalwohnungen eingerichtet, in denen etwa ein Viertel der 75 Mitarbeiter einquartiert werden konnten.

Die Außenarbeiten beschränkten sich wegen der Auflagen des Denkmalschutzamtes im wesentlichen auf einen neuen Farbanstrich. Lediglich einige Schornsteine durften beseitigt werden. So blieb auch der alte Eingang mit seiner charakteristischen massiven Tür erhalten, während im östlichen Garten eine Möglichkeit für die Warenanlieferung geschaffen wurde.

Unverständlich ist aus heutiger Sicht, daß man noch vor 25 Jahren als eine »dem Alter des Hauses angepaßte Baumaßnahme« akzeptierte, was in den Augen heutiger Sanierungsarchitekten eine Todsünde wider alle Regeln eines stilgerechten Umgangs mit der Bausubstanz wäre: Die Fenster wurden mit Butzenscheiben im Friesenstil verhunzt und – da muß ein Sylt-Fan am Werk gewesen sein – die Rahmen und Fensterläden blau gestrichen. So hatte das Haus zuvor niemals ausgesehen, und so durfte es nach den Regeln einer stilgerechten Erneuerung auch nicht aussehen. Das Kuriose an der Sache war, daß ein Vierteljahrhundert später der ein oder andere Nienstedtener eben diese Butzenscheiben für den Inbegriff stilgerechter Gemütlichkeit hielt und nicht begreifen wollte, daß gerade sie nicht zum Ursprung des Hauses gehörten.

Die Erweiterungs- und Umbauarbeiten wurden – bei so umfangreichen Baumaßnahmen auch Anfang der siebziger Jahre schon eine Rarität – fristgerecht abgeliefert. Am 3. April 1971 präsentierte der neue Pächter, wie er in der Werbung versprach, das »neue JACOB-Gefühl«. Dazu gehörte auch, daß er an jedem Sonntagnachmittag während der Kaffeestunde für musikalische Unterhaltung sorgte: »The Fountain Singers« spielten ein Repertoire zwischen der »Lustigen Witwe« und der Elvis-Fassung von »O sole mio« und trafen damit in das Herz des zumeist konservativen Publikums.

Der Niedergang eines Traditionshauses

Der geschäftlichen Verbindung zwischen dem Pächter Armin Gustav und der Erbengemeinschaft Jacob war keine glückliche Zukunft beschieden. Ursprünglich war der Pachtvertrag auf 20 Jahre angelegt, aber er hielt nicht einmal ein halbes Jahrzehnt.

Der Hintergrund der jähen Scheidung waren in Hamburg kursierende Spekulationen, durch deren Realisierung sich die Erbengemeinschaft ihr Anwesen auf dem Elbhang zu vergolden suchte.

Grundsätzlich, so hatte die Freie und Hansestadt Hamburg entschieden und gesetzlich festgeschrieben, seien Spielbanken in Hamburg verboten. Aber Geld ist der Staatskasse stets willkommen, und so steht denn im Paragraph 1 des Spielbankengesetzes der zockerfreundliche Passus: »Der Senat kann auf Antrag eine öffentliche Spielbank genehmigen«.

Da auch der Satz festgelegt ist, mit dem der Staat an den Erträgen an Roulette- und Black-Jack-Tischen partizipieren soll – nämlich mit 80 bis 85 Prozent – ist es kein Wunder, daß sich private und öffentliche Begehrlichkeiten schnell zu einer profitversprechenden Interessengemeinschaft zusammenfanden.

Als es zwischen Alster und Elbe ruchbar wurde, daß Hamburg eine Spielbank bekommen solle, klopften reihenweise Bewerber an die Türen der Vermögensverwaltung, um sich den Happen nicht entgehen zu lassen. »Elegant, seriös und dezent«, so ließ der zuständige Senator wissen, solle das Etablissement sein, dem man den Zuschlag zu geben gedenke.

Erstaunlicherweise wurde das Jacob von der Hamburger Presse als aussichtsreicher Bewerber gehandelt, lange bevor der Senat überhaupt erst sein Votum für eine Spielbank abgegeben hatte. Für Armin Gustav bedeutete dies eine unzumutbare Belastung seines Pachtverhältnisses, zumal die Eigentümer dem Senat gegenüber als ernsthafte Bewerber ein deutliches Zeichen setzen wollten und öffentlich von einer bevorstehenden Kündigung sprachen. So beschloß Gustav, sich von der Elbchaussee zurückzuziehen. Ende September 1975 ließ er die »Henkersmahlzeit« servieren: Froschschenkel mit feinen Gewürzen, Wachteleier mit Palmenherzen auf Eisbergsalat und Blätterteigpastete »Gustav Adolf« mit Seezungen, Muscheln, Crevetten, Champignons, Spargel, Hummer, Trüffel und Safran-Timbale waren der kulinarische Abgesang, mit dem wieder einmal eine Ära des Jacob zu Ende ging.

Als in Hamburg schließlich alle rechtlichen Voraussetzungen geschaffen waren, um die Konzession für eine Spielbank zu vergeben, war der Kreis der Interessenten plötzlich größer als viele erwartet hatten. Von einem ausländischen Luxusdampfer war die Rede, der Alsterpavillon kam ins Gespräch, ebenso das damals noch existierende, aber schon reichlich abgewirtschaftete »Hofbräuhaus« am Dammtorbahnhof. Auch über das Plaza wurde gesprochen, dessen Eigentümerin damals die Neue Heimat war. Das in seinen Geschäftsmethoden sonst gar nicht zimperliche Unternehmen ließ solche Gerüchte umgehend dementieren, weil ein gewerkschaftseigener Konzern natürlich moralische Bedenken habe, eine Spielbank zu beherbergen. Als dann noch das Hotel Inter-Continental mit einer potenten Investorengruppe auf den Plan trat – und ja auch tatsächlich den Zuschlag erhielt – sanken die Chancen des Jacob jäh auf den Nullpunkt. »Wir sind von der Senatsentscheidung sehr überrascht«, beschwerte sich der Sprecher der Erbengemeinschaft. »Als Mitbewerber um die Spielbankkonzession sind wir vom Senat nicht einmal gehört worden.«

Da war guter Rat im wahrsten Sinn des Wortes teuer; denn das Jacob hatte ja seine Pforten geschlossen, um sich auf den erhofften Spielbankbetrieb vorzubereiten.

Immerhin gab es aber noch Gastronomen, die bereit waren, es noch einmal zu versuchen. Sehr viel Erfolg war ihnen allerdings nicht beschieden. Der schnelle Wechsel der Pächter ist ein Indiz dafür, daß keiner mit dem Traditionsrestaurant so recht glücklich wurde, auch wenn sie alle investierten und immer wieder optimistische Erklärungen abgaben. Karl-Heinz Sondergeldt gab einem Abendblatt-Reporter im Mai 1977 zu Protokoll, er wolle das Haus »fein und exquisit im Sinne der Jacob-Tradition« führen. Aber er wolle die Preise so ansetzen, daß sich jeder Hamburger einen Besuch bei Jacob gönnen könne. Das war in sich schon ein Widerspruch, der Insidern der Restaurant-Szene die Köpfe schütteln ließ.

Der Abstieg des Jacob war programmiert, und die Immobilie signalisierte dies von Jahr zu Jahr deutlicher.

Am längsten hielten es in dieser Phase Annelore und Uwe Lauk aus. Professionell und mit viel Geschick versuchten sie, das Jacob auf Kurs zu halten. Ihnen war es vergönnt, beim 200. Geburtstag des Hauses Regie zu führen, und sie entledigten sich dieser Verpflichtung mit Phantasie und Bravour. Nach einem 200 Jahre alten Rezept ließen sie ein achtgängiges Menü komponieren, das bei einem Preis von 98 Mark wochenlang auf der Karte blieb und von den Gästen über alle Maßen gelobt wurde. Die kulinarische Erinnerung an die Gründerzeit des Jacob, zweihundert Jahre später zum Geburtstagsmenü erhoben, verdient auch an dieser Stelle dokumentiert zu werden. Es bestand aus Suppe von grünem Kopfsalat, gebeiztem Wildschwein, »Wiener Locken« mit frischen Champignons, Steinbutt mit Hummer, Braten von Poularden, Kompott von Ingweräpfeln, Endiviensalat, jungen Erbsen und Stangenspargel mit holländischer Sauce, Tee-Eis mit Melone und zum Abschluß Roquefort, Pumpernickel, Radieschen und Rettich.

Das Ehepaar Lauk identifizierte sich mit »seinem« Jacob, so wie es die Nienstedtener seit vielen Generationen getan hatten. Sie freuten sich über ein Geschenk, das ihnen der Industrie-Mäzen und hochbegabte Amateurmaler Kurt A. Körber gemacht hatte: eine Kopie des berühmten Liebermann-Gemäldes von der Lindenterrasse. Aber das Glück war nicht auf ihrer Seite. Jedenfalls nicht über längere Zeit.

Über die Gründe mag man spekulieren, aber man wird sich mit Spekulationen der Realität immer nur annähern. Sicher war einer der Gründe, daß ein zweihundert Jahre altes Haus einer gründlichen Verjüngungskur bedarf, die viele der wohlmeinenden Interessenten überforderte.

Sicher gab es auch Gründe, die im Atmosphärischen lagen. Die »Welt«-Journalistin Gisela Reiners hat einen vielsagenden Dialog mit weitreichen-

Für die neuen Jacob Eigentümer stand von Anfang an fest: Die legendäre und weltbekannte »Lindenterrasse« sollte unter allen Umständen erhalten bleiben.

den Konsequenzen notiert, der – selbst wenn er so nicht wörtlich geführt worden sein sollte – vielleicht die Stimmungslage charakterisiert:

»Sie sind der Neue?« hatte eine zerbrechliche alte Dame Uwe Lauk gefragt, als er 1982 das Jacob übernahm. Der Pächter bejahte die Frage, wie auch die, ob er Hamburger sei: »Aber Nienstedtener sind Sie nicht«, stellte die Dame mißbilligend fest. »Sonst würde ich Sie ja kennen.« Sprach's und kam nie wieder.

Bis zum 30. April 1992, so hatten Uwe und Annelore Lauk angekündigt, wollten sie das Jacob noch führen. Das aber hatte seit 1989 neue Eigentümer gefunden: Alice von Skepsgardh und Hubertus Henrich, die bereits so renommierte Restaurants wie »il ristorante«, »Cappuccino« und »Ventana« zum Erfolg geführt hatten, und die es nun drängte,

die Geschicke ihrer Neuerwerbung selbst in die Hand zu nehmen.

In langen Verhandlungen hatten sie die beiden Töchter des 1963 verstorbenen »Jacob V.« dazu gebracht, ihnen die Immobilie einschließlich des Namens zu verkaufen.

Der Standort des Jacob sei ein Gedicht, sagte Gastronom Henrich in der ersten Euphorie. »Wir wollen toll kochen und alles nach heutigen Gesichtspunkten hübsch dekorieren«, sagte er, und seine Lebenspartnerin Alice von Skepsgardh ließ durchblicken, man werde das gastronomische Angebot wohl auf das Italienische hin akzentuieren, womit man in den anderen Häusern so viel Erfolg gehabt habe; »unsere Spezialität ist die mediterrane Küche!«

Das Gastronomenpaar schmiedete Pläne, die aufhorchen ließen. Es war ja nicht zu übersehen, daß die Immobilie mehr als renovierungsbedürftig war. »Von der Elbchaussee sieht das Gebäude ja noch gut aus«, hatte Henrich festgestellt; die Fassade solle dort nicht verändert werden. Im Ostteil des Ensembles wäre das ohnehin nicht möglich gewesen, denn der stand ja unter Denkmalschutz. Von der Wasserseite her sei der Anblick dagegen weniger schön. Hier solle mit den Veränderungen begonnen werden.

Auch für den Hotelbetrieb entwickelte Henrich ehrgeizige Konzepte. Zu dem Grundstück des Jacob gehörte auch der Parkplatz auf der gegenüberliegenden Straßenseite, der »teuerste Parkplatz Hamburgs«, über den Henrich vieldeutig anmerkte: »Was würde ein Gastronom denn mit einem Grundstück in so reizvoller Lage anfangen, wenn man bedenkt, daß die Zimmer des Jacob immer ausgebucht sind? Es wäre doch naheliegend, dort ein Hotel zu bauen!«

Tatsächlich wurde dort ein Hotel gebaut. Aber von einem anderen. Denn überraschend auch für Insider des Geschehens hatten sich Alice Skepsgardh und Hubertus Henrich wieder vom Jacob getrennt.

Neue Eigentümerin wurde die Familie des Kaufmanns Horst Rahe, die nicht nur die Familientradition des Hauses fortsetzen wird, sondern dem maroden Kleinod an der Elbchaussee durch ihre unternehmerische Risikobereitschaft eine neue Zukunft gegeben hat.

Dill und Holthusen kommen zum Jacob

»Arrondierung« lautete das Stichwort, mit dem die Familie Rahe das Hotel und Restaurant Louis C. Jacob auf eine tragfähige wirtschaftliche Basis stellen wollte. Längst war ihm klargeworden, daß das Gebäudeensemble auf der Wasserseite mit den begrenzten Möglichkeiten für den Ausbau des Hotelbetriebs seinen Ansprüchen und Plänen nicht genügen würde. Sein Interesse richtete sich auf die gegenüberliegende Straßenseite der Elbchaussee, die man in Hamburg die »trockene« Seite zu nennen pflegt und die als die weniger feine gilt.

Das »Gegenüber« – das waren neben dem Parkplatz zwei Immobilien mit traditionsreichen Namen und unterschied-lichen historischen Entwicklungen, die die neuen Eigentümer für die Erweiterung des Jacob erwerben konnten: Das Landhaus Dill und das Holthusen. Das Dill, nach wie vor eine gute Adresse, war in gastronomischer Hinsicht dem alten Jacob ebenbürtig und deshalb von den Nienstedtenern mit dem Ehrentitel »Kleines Jacob« belegt.

1807 hatte ein gewisser Christian Ludwig Pieper das Landhaus gekauft und elf Jahre später – genau wie Monsieur Jacques – eine Konzession vom dänischen König bekommen. Er durfte außer Backwaren auch Branntwein und Bier verkaufen und machte sich damit einen guten Namen. Nachdem sein

Das alte »Landhaus Dill« - von dem Zeichner Wolfgang Götze ins Bild gesetzt - heißt heute »Kleines Jacob«.

Sohn das Geschäft übernommen hatte, holte der nach der Reichsgründung 1871 den Bäcker Christian Heinrich Dill ins Geschäft, und die beiden Männer betrieben gegenüber dem Jacob eine in Nienstedten außerordentlich beliebte Gastwirtschaft mit angeschlossener Backstube. Weit über die Grenzen des Dorfes hinaus reichte der Ruf der Sirup- und Herrenkringel, für die man in der Konditorei ein eigenes Rezept entwickelt hatte. 1906 kaufte Dill der Witwe des 1880 verstorbenen Louis Pieper das Landhaus ab und gab ihm seinen Namen. Und diesen Namen trug das Restaurant auch noch, nachdem sich die Familie aus dem Betrieb zurückgezogen hatte.

Seit 1976 hatte der Österreicher Volkmar Preis das Landhaus Dill gepachtet. Ihm gelang es, dem Jacob auf der anderen Straßenseite Konkurrenz zu machen und sich mit prominenten Spitzenköchen wie Josef Viehhauser Mitte der Achtziger Jahre sogar einen Stern zu erkochen.

Als die Familie Rahe das Haus erworben hatte, wurden sich Käufer und Verkäufer einig, daß Preis den Namen »Dill« mitnahm und sein Restaurant an einem anderen Platz neu eröffnete. Das zweihundert Jahre alte Landhaus wurde milieugerecht total saniert und bietet mit seinem Traditionsnamen »Kleines Jacob« als Weinlokal eine reizvolle rustikale Alternative zum klassischen Restaurant an der Wasserseite der Elbchaussee.

Auch für das daneben gelegene Haus Holthusen wurde – wenn auch unter schwierigeren Bedingungen – eine Lösung erarbeitet, die sowohl den Ansprüchen der Denkmalpflege als auch der Notwendigkeit einer sinnvollen wirtschaftlichen Nutzung gerecht wird: Das 1897 erbaute Haus wurde total entkernt und mit einem neuen »Innenleben« ausgestattet. Auf diese Weise konnte es erhalten werden. Der hintere Saalbau des Holthusen – 1925 aufgestockt und mit einem flachgeneigten Satteldach versehen – wurde vom Bauherrn in seiner vorhandenen Kubatur und Lage erneuert. Auf Anregung des Denkmalschutzamtes wurde der Ausbau zeitgemäß gestaltet und dem gesamten Baukörper harmonisch angepaßt. Sofern dekorative Elemente des Altbaus zu retten waren, wurden sie in den Neubau integriert. Das gilt vor allem für drei Paar gußeiserne Stützen, deren gründerzeitlicher Charme den wilhelminischen Zeitgeschmack anschaulich dokumentiert.

Die Erhaltungsmaßnahmen für das Holthusen waren vor allem deshalb so aufwendig, weil die Vorbesitzer in den letzten Jahrzehnten kaum investiert hatten. Eine gründliche Bausubstanzanalyse ergab deshalb, daß sich besonders die Holzkonstruktion, das Dach des Saalanbaus und das schiefergedeckte Hauptdach in einem desolaten Zustand befanden. Der Stadtplanungsausschuß hatte sich zu entscheiden zwischen dem Sanierungskonzept des neuen Eigentümers und einer einzigen Alternative: dem Abriß.

Er entschied sich für die Lösung, die Nienstedten ein Stück seines Milieus erhielt. Eine Milieuschutzstudie für den Ortskern hatte ausdrücklich die Bedeutung der traditionsreichen Ausflugslokale an der Elbchaussee für das Erscheinungsbild Nienstedtens unterstrichen.

Am Ende waren auch diejenigen zufrieden, die anfangs gegen alle Veränderungen am und um das Jacob opponiert hatten. »In zähen Verhandlungen hatten alle Beteiligten«, schrieb versöhnlich eine einst erbitterte Kritikerin, »für den Gesamtkomplex Jacob eine

Auch das auf der »trockenen Seite« der Elbchaussee gelegene »Holthusen«, kurz vor der Jahrhundertwende erbaut, gehört heute zum Gesamtensemble des Hotels und Restaurants Louis C. Jacob.

Kompromißlösung gefunden. Die Schmerzgrenze der Nienstedtener war allerdings erreicht. Dieser von der örtlichen SPD mit erarbeitete und getragene Kompromiß verlangt den Erhalt von ›Holthusen‹. Als Investor war Herr Rahe an dieser Kompromißlösung beteiligt und hat damit die Verantwortung für den Erhalt des historischen Erbes übernommen.«

Das Jacob-Projekt droht zu scheitern

Als erster meldete sich der Nienstedtener Bürger- und Heimatverein zu Wort, um seine Bedenken gegen das neue Jacob zu formulieren. Seine Informationsveranstaltung, auf der sich auch Horst Rahe als Vertreter der neuen Jacob-Eigentümer erstmals der Öffentlichkeit vorstellte, war der Auftakt zu einer Kampagne, in der die Gegner des Projekts neben ernstzunehmenden Argumenten auch immer wieder unhaltbare Verdächtigungen und sogar Verleumdungen in die Diskussion warfen.

Ausgelöst wurde die Unruhe durch die Meldung, der Bauherr wolle die Elbchaussee im Baustellenbereich länger als ein Jahr voll sperren lassen. Was als erstes Gedankenspiel für ein komplettes Bauvorhaben vage »angedacht« war, las sich später anders: Horst Rahe überraschte die Gegner seines Projekts mit dem Plan, die Elbchaussee vor der Baustelle zu verschwenken und auf diese Weise zweispurig befahrbar zu erhalten. Jetzt waren es plötzlich fünf im Wege stehende Bäume, deren notwendige vorübergehende Beseitigung Widerstand auslöste. Erst das Versprechen der Planer, die Bäume nach Abschluß der Bauarbeiten wieder einzupflanzen, beruhigte die Gemüter in diesem Punkt.

Das allgemeine Mißtrauen blieb und wurde aus bestimmten Richtungen immer wieder angefacht, auch als das Thema »Jacob« längst auf dem Weg durch die politischen Instanzen war. Man wollte die vom Bauherrn angekündigte minimale Verkehrsbehinderung nicht für möglich halten, man bemühte die überstrapazierte Vokabel »Milieuschutz«, man beschwor den rutschgefährdeten Elbhang und die damit verbundenen Gefahren für die Bauten in der unmittelbaren Nachbarschaft, man mißtraute den Prognosen des Investors, das nach seinen Plänen neugestaltete Jacob werde Nienstedten auch wirtschaftlich beleben und nicht zuletzt durch seine neugeschaffenen 120 Arbeitsplätze auch dem dörflichen Einzelhandel neue Impulse geben.

»Wir wollen das Jacob wieder zum gesellschaftlichen Mittelpunkt der Stadt machen mit Bankettmöglichkeiten für bis zu 500 Personen, von der kleinen Familienfeier bis zum Ball und zur exklusiven Firmenpräsentation«, hatte Horst Rahe versichert. Aber die lobenswerte Absichtserklärung war keineswegs nur mit Beifall aufgenommen worden.

Zu diesem Zeitpunkt war das Projekt in seinen Grundzügen schon durchgeplant: 28 Hotelzimmer, ein Restaurant und mehrere Bankettsäle sollten an der Wasserseite entstehen. An der Westseite der alten denkmalgeschützten Bausubstanz sollte sich – wie es das »Hamburger Abendblatt« formulierte – ein dreigeschossiger Neubau »in gläserner Leichtigkeit am Hang« entlangschwingen.

Für die Landseite sahen die Pläne zwei- und dreigeschossige Bauten mit Pult- und Satteldächern vor, die sich um Innenhöfe gruppieren und 48 Hotelzimmer enthalten sollten.

Unter dem früheren Parkplatz des Jacob war der Bau einer Tiefgarage mit 248 Stellplätzen vorgesehen, und für die Verbindung der landseitigen und wasserseitigen Gebäudeteile war ein unter

Die Abbrucharbeiten an den nicht unter Denkmalschutz stehenden Teilen des Hauses haben bei einigen Nienstedtenern - völlig zu Unrecht - Unruhe ausgelöst.

der Elbchaussee hindurchführender repräsentativ ausgebauter Tunnel geplant.

Die Architekten Silcher und Werner bekamen jedoch bald massiven Gegenwind zu spüren: Ihr Entwurf stieß bei den Behörden auf wenig Gegenliebe. Die Fassade des postmodernen Neubaus, aus Lärmschutzgründen nahezu fensterlos gestaltet, fand keine Zustimmung. Außerdem wurde beanstandet, daß Teile des Hotelneubaus im Landschaftsschutzgebiet liegen würden.

In der Tat steht die Wasserseite der Elbchaussee unter besonderem Schutz, um die typische Elblandschaft am Geesthang und den durchgehenden Grüngürtel am Ufer zu erhalten. In solchen Landschaftsschutzgebieten darf grundsätzlich nicht gebaut werden, es sei denn, die Umweltbehörde würde

eine Ausnahme ausdrücklich genehmigen.

Darüber gerieten sich die Behörden in die Haare. Die Umweltbehörde kritisierte den Bezirk Altona, er und seine örtlichen Gremien nähmen ihr Landschaftsschutzgebiet offenbar nicht sonderlich ernst. Einstweilen war die übergeordnete Instanz nicht bereit, eine Baugenehmigung auf der Basis der vorliegenden Pläne zu erteilen.

Kurz vor Jahresschluß 1992 wandte sich Horst Rahe mit seiner Sicht der Dinge noch einmal an die Öffentlichkeit. Die Umweltbehörde, so stellte er fest, stoße sich an einer Elbhangfläche von ganzen 49 Quadratmetern im Bereich geplanter Abrißarbeiten des alten Jacob-Ballsaals. Genau dort aber sei der Elbhang ohnehin schon in Bewegung.

Durch die für den Neubau erforderlichen Sicherungsmaßnahmen und speziellen Verankerungen könne die Gefahr gebannt werden. Wörtlich: »Wenn, wie in den vergangenen 30 Jahren, gar nichts am Elbhang gemacht wird, rutscht ein Vielfaches der Fläche ab!« Rahe kündigte an, daß die umstrittenen Fassadenentwürfe überarbeitet und dem Stadtplanungsausschuß erneut vorgelegt würden.

Sechs Wochen später stand fest, daß es für die Familie Rahe schwieriger werden würde, ihr ehrgeiziges Projekt zu verwirklichen, als sie selbst angenommen hatte: Auch die geänderten Baupläne fanden im Stadtplanungsausschuß Altona keine Mehrheit. Nachdem die Umweltbehörde ihre rechtlichen Bedenken aufrechterhalten und die Pläne für nicht genehmigungsfähig erklärt hatte, konnten sich der Stadtplanungsausschuß, der Landschaftspflegeausschuß und der sogenannte Grün-Unterausschuß auf keine Empfehlung an den Bauausschuß einigen. Auch über die Gestaltung des Anbaus wurde weiter gestritten. Der Architekt hatte seinen Entwurf geändert und eine mit zwei Fenstern, Sandstein und weißem Putz zur Elbchaussee hin aufgelockerte Fassade angeboten. An der Wasserseite wollte er zwischen den Fenstern weiße Streifen einfügen, helle Markisen anbringen lassen und ein Sockelgeschoß aus Sandstein bauen. Damit war zumindest die Vorgabe erfüllt, nach der an der Elbseite nur maximal 60 Prozent Glas erlaubt sind. Auch zu einer Änderung der Dachform erklärte sich der Bauherr bereit.

Aber das Parteiengezänk ging weiter. Während die Fraktionen der SPD und FDP der Erweiterung nach den vorliegenden Plänen zustimmten, votierten CDU und GAL dagegen. Sie bestanden weiterhin darauf, die Baumasse zu reduzieren.

Nun hing alles an der Bezirksversammlung. Ihre Zustimmung hätte den Hamburger Senat zwingen können, das Jacob-Grundstück aus der Landschaftsschutzverordnung herauszunehmen und den Bebauungsplan zu ändern.

Die Familie Rahe ging in die Offensive und erklärte, sie wolle sich von Hamburg nicht länger zum Narren halten lassen. Für den Fall einer Ablehnung ihrer Pläne durch die Bezirksversammlung Altona wolle sie sich von dem auf 80 Millionen Mark kalkulierten Projekt trennen. Tatsächlich hatten die Architekten bereits erste Skizzen für Maisonette-Wohnungen und Apartments aufs Reißbrett gebracht. Wohnungen, so stellten Rahes fest, seien im übrigen auch profitabler als ein »gastronomisches Kleinod«, das ohne Rücksicht darauf geplant sei, wann sich eine solche Investition je rechnen werde.

Die deutlichen Worte wurden in der Hansestadt verstanden. Am 31. August 1993 meldete die Staatliche Pressestelle: »Da eine Ausnahmegenehmigung von der Landschaftsschutzverordnung nicht möglich ist und sich die Bebauung des Elbhangs und der Schutzzweck der Landschaftsschutzverordnung für den überbauten Bereich nicht vereinbaren lassen, entschied der Senat heute für eine Aufhebung der Verordnung – jedoch ausschließlich für die für die Bebauung vorgesehene Fläche von circa 1400 Quadratmetern.«

Der Senat beeilte sich klarzustellen, daß es sich »um eine singuläre Entscheidung« handele, die den grundsätzlichen Schutz des Elbhangs nicht in Frage stelle. Ausschlaggebend für die Entscheidung der Umweltbehörde waren drei Forderungen: Erstens sollte das Gebäude in seiner Höhe, zumindest zur Elb-

Stahlgerüste haben die bauhistorisch wertvollen Fassaden des »Holthusen« während der Bauarbeiten gestützt. Was erhaltenswert war, blieb erhalten.

chaussee hin, reduziert und die Fassaden insgesamt kleinteiliger gestaltet werden. Zweitens sollten die Baugrenzen weniger überschritten werden, als dies zu Beginn der Planungsarbeiten vorgesehen war. Und drittens schließlich wurde der Bauherr verpflichtet, einen Zugang mit landschaftsgerecht gestalteter Aussichtsplattform und Treppe zur Elbe hin zu schaffen, um auf diese Weise ein »Blickfenster« von der Elbchaussee zum Fluß zu erhalten.

Als neuer Architekt war der erfahrene Helmut Riemann aus Lübeck mit dem schwierigen Projekt betraut worden.

Der Streit um das Jacob hat die Arbeiten um ein Jahr verzögert. Erst Mitte Januar 1994 berichtete die Presse: »Der Bagger bricht die Schneisen für die zweijährigen Arbeiten. Was von dem gewachsenen Ensemble nicht unter Denkmalschutz steht, wird weggerissen.«

Ein halbes Jahre später konnten die Nienstedtener darüber staunen, wie sich die Bauingenieure einer technischen Herausforderung stellten: Um die geschützten historischen Teile des Jacob, die total entkernt wurden, zu sichern, stellten sie das alte Gemäuer auf Stelzen. Für die Passanten, die einen Blick hinter den Bauzaun warfen, entstand vorübergehend der Eindruck, die Häuser würden über dem Elbhang schweben.

Die Lindenterrasse erstrahlt wieder im alten Glanz.

Unverkennbare »Familienzugehörigkeit« der Landseite

Die Perspektive hat Geschichte, wie fast alles im und um das Jacob: Wenn sich die frühen »Daguerretypisten« auf den Weg machten, um das Jacob abzulichten, dann wählten sie die Blickrichtung von Osten her. Nicht, weil diese Ansicht die »natürliche« ist, wenn man sich dem Haus aus Hamburg kommend nähert, sondern vor allem, weil man dann die morgendliche Sonne im Rücken hatte, was den Fotografen ein besonders schönes Bild auf ihrer Platte garantierte.

Außerdem läßt sich das Jacob an dieser Stelle, an der sich die Elbchaussee in einer flachen Kurve etwas nach Nordwesten wendet, in seinen baulichen Besonderheiten am besten erkennen:

Zweihundert Jahre Architekturgeschichte, die hinter dem brandneuen, modern gestalteten Pavillon für die »Lindenterrassen«-Logistik beginnt und sich stromabwärts mit sanftem Kurvenschwung der Gegenwart annähert. Ein Ensemble, das trotz seiner unvermeidbaren Stilvielfalt durch die einfühlsame Hand eines Baumeisters, der sein Geschäft versteht, zu einer architektonischen Einheit gefunden hat.

Die Harmonie setzt sich jenseits der Elbchaussee so selbstverständlich fort, nimmt gewissermaßen den Faden des gestalterischen Gedankens auf, als seien das alte Landhaus Dill, (das heutige »Kleine Jacob«), und das jüngere grün-

Ein Doppelzimmer mit Blick auf die Elbe

In den Gästezimmern: Viel Ruhe zum Träumen oder zum Arbeiten

derzeitliche Holthusen von vornherein aus einem Guß auf den Elbhang gestellt. Mehr noch: Die dahinterliegenden Gebäude, als bauliche Ergänzung für einen wirtschaftlich tragfähigen Hotelbetrieb unverzichtbar, betonen ihren Einzelhauscharakter so überzeugend, daß man erst bei genauerem Hinsehen die glasumbauten Verbindungsflure zwischen den Häusern wahrnimmt. Eines ist mit Sicherheit nicht auf den ersten Blick erkennbar: daß auf der Landseite des Jacob 60 Zimmer und damit der größere Teil des Jacobschen Wohnbereichs lokalisiert sind. Die trennende Elbchaussee kann, Dank der gestalterischen Einfühlsamkeit des Architekten, über die »Familienzugehörigkeit« der Land- zur Wasserseite

nicht hinwegtäuschen. Auch die farbliche Gestaltung der Fassaden bringt beide Seiten in einen Bezug zueinander: pastellfarbene Unaufdringlichkeit, einmal mehr gelborientiert, das andere Mal mit einem belebenden Hauch von Rosé.

Die funktionale Verbindung beider Seiten wurde durch einen unterirdischen Gang geschaffen, großzügig und anspruchsvoll in der Materalauswahl, dem Stil des Jacob angemessen, eine ansprechende Promenade, durch die auch die mit einem Auto anreisenden Gäste von der Tiefgarage aus trockenen Fußes in das Haupthaus gelangen können. Hinter dezent beleuchteten Ausstellungsvitrinen – Spezialität: Damenmode und ihre Accessoires, Preziosen und Antiquitäten – verläuft der für Gäste unsichtbare »Versorgungstunnel«, den auch der gastronomische Zimmerservice benutzt. Auch auf dem Servicesektor gibt es bei Jacob kein Süd-Nord-Gefälle. »Der Gast kann sich darauf verlassen«, so die geschäftsführende Gesellschafterin Tanja Schmittner, »daß die Landseite des Hotels und Restaurants Louis C. Jacob keineswegs unsere zweite Wahl oder so etwas wie unsere billige Dependance ist, auch wenn die Landseite der Elbchaussee in der Vorstellung der Hamburger traditionell einen geringeren Stellenwert hat. Für unser Haus gilt das nicht. Einige Zimmer haben sogar den begehrten Elbblick.«

Und die Zimmer, so ist hinzuzufügen, haben auch auf dieser Seite des Anwesens den ganzen Charme eines Hauses, das die Heiterkeit und leichtfüßige Verspieltheit der Elbvororte atmet, und das zugleich einen Spiegel jener stilvollen Distinguiertheit verkörpert, wie sie nur in der bürgerlichen Großzügigkeit der hier entstandenen Landsitzkultur wachsen konnte. Das neue Jacob,

Das Gartenzimmer mit Ölgemälden zum Thema Garten und Blumen von Ivo Hauptmann, Ernst Eitner und Joseph Fleck.

Das Landschaftszimmer – ein Raum zum Feiern oder Tagen mit zwei großen Landschaftsbildern des süddeutschen Malers Bernd Zimmer.

dies ist ihm ohne Einschränkung zu bescheinigen, ist nicht nur in sich selbst trotz seiner zwangsläufigen baulichen Vielfalt zu einem gefälligen Ganzen geraten, es ist auch im Einklang mit seinem gewachsenen Umfeld; es fügt sich in das Gesicht Nienstedtens ein, wie es seinerseits dem immer noch ein wenig dörflichen Elbvorort eine charaktervolle Facette hinzufügt.

Das »Innenleben« des Jacob ist auch auf der Landseite von jenem Willen zur formalen und farblichen Klarheit bestimmt, wie es den Bedürfnissen eines anspruchsvollen Publikums entspricht und wie es ein unverwechselbares Wohngefühl zu erzeugen vermag.

Auch hier hat die Anpassung an vorgegebene Strukturen zu Lösungen gefunden, die eine Brücke von der Tradition des Hauses in die Gegenwart schlagen. Und das in vielfältigen reiz-

vollen Varianten. Die alte Raumaufteilung des Holthusen hat Deckenhöhen vorgegeben, die ihrerseits nach großzügigen Flurabmessungen verlangen. Mit den erhaltengebliebenen gußeisernen Säulen, die in die Innenraumgestaltung einbezogen wurden, mit den schlichten Stukkaturen und mit der für den Übergang von der Gründerzeit zum Jugendstil typischen Friesbemalung erinnert dieser Teil eher an die Kategorien eines klassischen Grandhotels als an ein Haus, das sich in allen Bereichen deutlich zu seinem Landhauscharakter bekennt. Der ehemalige Ballsaal des Holthusen, dem die schönste Suite ihren Namen verdankt, hat auf diese Weise in einigen Andeutungen überlebt. Die Raumhöhe wurde genutzt, um hier ein über eine hölzerne Wendeltreppe erreichbares Refugium zu schaffen: eine mit Schreibtisch und Schlafsessel ausge-

Die Ballsaalsuite mit den alten Säulen aus dem Ballsaal des ehemaligen »Holthusen«.

Der Wellnessbereich mit Sauna, Solarium, Whirlpool und Ruhelandschaft.

Das rustikale Weinlokal »Kleines Jacob«: eine unkonventionelle Alternative zum Hotelrestaurant

stattete Empore, von der aus der gesamte Wohnbereich zu überblicken ist. Die auf mehr als einhundert Quadratmeter Grundfläche angelegte, auch für kleinere Konferenzen geeignete Suite vereinigt in sich einen großen Teil all jener Merkmale, die überall im Haus Jacob das Flair bestimmen. Zum Beispiel die hochwertigen Marmorausstattungen der Badezimmer, wobei das schönste aller Naturprodukte in seinen anregendsten Ausprägungen von tiefem Schwarz über das zarte Rosso Verona bis hin zu gleißendem Weiß mit seinen kontrastreichen Maserungen die besonderen Akzente setzt.

Das mit Bedacht komponierte Zusammenspiel ist ein auffälliges Kennzeichen des Jacob, bei dem niemals der Zufall Regie geführt hat, und das sogar im gewissen Sinn die Orientierung in der verschachtelten Anlage erleichtert:

Die nach Osten gelegenen Zimmer sind in der Grundfarbe Rot gehalten, allerdings in einer Tönung, die eher das Vital- Anregende dieser Farbnuance als das Aggressive betont.

Die nach Norden gelegenen Räume setzen durch ein lichtes Gelb einen belebenden Kontrapunkt zu der sonnenarmen Seite des Hauses. In den nach Westen, also elbabwärts, ausgerichteten Zimmern, dominiert ein frisches Grün in der Kombination mit cremefarbenen Vorhang-Dekors, und für die Südlage fiel die Wahl auf ein ausdrucksstarkes Blau; es ist ja die dem Wasser zugewandte Seite!

Von ganz besonderem Reiz sind die kleinen Balkone, über die der Blick – wenn auch nicht in jedem Fall auf den Elbestrom – so doch auf hübsche verwinkelte Gärten fällt, auf kleine gepflasterte Innenhöfe mit zierlichen Obstbäu-

Das Restaurant mit den Holzdielen aus dem alten Jacob, herrlicher Stuckdecke und restaurierten Wandmalereien aus der Zeit der Jahrhundertwende

men und sogar auf das Pastorat der benachbarten Nienstedtener Kirche, deren Geläut von Zeit zu Zeit die Stimmung einer ländlichen Idylle um sich verbreitet.

Wer sich längere Zeit in verschiedenen Zimmern auf der Landseite des Hotels aufhält, wird sich schwertun, eine eindeutige Präferenz für die eine oder andere Blickrichtung zu bestimmen. Bevorzugt er die Romantik eines über eine hölzerne Wendeltreppe erreichbaren Mansardenzimmers mit Dachschrägen und Erkern, von denen aus er über eine Spitzweg-Idylle aus roten Dachziegeln hinwegblickt, oder bevorzugt er das Bild sattgrüner Baumkronen, die schon das vergangene Jahrhundert erlebt haben? Will er lieber zu dem herüberwehenden Hauch milder Elbluft auch etwas von dem geschäftig über den Fluß gleitenden Schiffen sehen, oder liegt ihm mehr an dem morgens und abends auf Hamburgs Prachtstraße Elbchaussee pulsierenden Leben? Um seine Ruhe braucht er sich keine Sorgen zu machen: die Doppelverglasung, die hinter den historischen Fenstern eingebaut wurde und damit eine dreifache Abschirmung garantiert, läßt kaum einen Laut des Straßenverkehrs in sein Refugium hineindringen.

Auch das Interieur der Zimmer und Suiten erfüllt den Gästen vielfältige und sehr unterschiedliche Wünsche und Wohnvorstellungen. Nicht nur durch die Grafiken, Stiche und Aquarelle, die als Teil des Jacobschen Kunstkonzepts jedem Raum seine individuelle Note geben, sondern auch durch die Ausstattung mit antikem Mobiliar, das überaus geschickt mit den eigens für das Jacob angefertigte Möbeln kombiniert ist.

Diese speziellen Entwürfe, in edlen Hölzern umgesetzt, sind nicht nur das Ergebnis einer bis ins kleinste Detail sorgfältigen Handwerkskunst, sondern vor allem auch ein Produkt langen Nachdenkens über die Bedürfnisse anspruchsvoller Gäste. »Schon während der Planungsphase«, verrät Tanja Schmittner, »haben wir uns das Ziel gesetzt, ein Möbel zu entwerfen, in dem Minibar, Fernseher, Videorecorder und das Telefaxgerät unsichtbar unterzubringen sind, das unseren Gästen zugleich eine komfortable Schreibfläche bietet, das zudem noch gut aussieht und sich gefällig in jeden Raum einfügt. Wir hatten anfangs nicht daran geglaubt, daß dies alles in einem einzigen Stück realisierbar sein würde. Als es dann doch fertig war und allen unseren Vorstellungen von Schönheit und Zweckmäßigkeit uneingeschränkt entsprach, haben wir das Ergebnis der Arbeit ›unser Wundermöbel‹ genannt.«

Auch die in allen Zimmern vorhandenen begehbaren Kleiderschränke wurden sorgfältig und mit viel Phantasie geplant. An unterschiedlichen Mustern, die immer wieder modifiziert wurden, haben erfahrene Raumgestalter den Entwurf mehrfach auf seine Funktionalität hin überprüft. Was dabei am Ende herauskam, wird man in dieser Großzügigkeit in nur wenigen internationalen Häusern finden. Neben der üblichen Hänge- und Ablagefläche hat der Gast auch die Möglichkeit, seinen Koffer aufgeklappt liegenzulassen. Ein Ganzkörperspiegel, ein in Augenhöhe eingebauter Safe mit persönlichem Code und eine ausziehbare Schuhablage runden das zugleich gefällige wie überaus praktische Exemplar eines begehbaren Kleiderschranks ab. Das eben macht den Vorzug eines erstklassigen Hotels aus, daß es sich bis ins kleinste, scheinbar unbedeutendste Detail an den Bedürfnissen seiner Gäste orientiert und daß es auch im Ästhetischen das Wohlüber-

Zimmer mit Elbblick

legt-Besondere zu seinem Anliegen und Markenzeichen macht. Welcher Wellness-Bereich würde nicht – wie der des Jacob – dadurch an Attraktivität gewinnen, daß er von natürlichem Sonnenlicht durchflutet würde? Und welcher Gast wird es nicht zu honorieren wissen, wenn er am Ende eines Hotelflurs durch eine bis zum Boden heruntergezogene (im übrigen für das Housekeeping sehr arbeitsaufwendige) Glasscheibe ein wenig von der Umgebung seines Domizils auf Zeit erfahren könnte, bevor er sich in sein Zimmer zurückzieht? Wie überhaupt viel Glas – etwa an den Fahrstuhlschächten und am Fahrstuhl selbst – für Transparenz in einem Hotel sorgt,

in dem letztlich auch das Gesellschaftsspiel des Sehens und Gesehenwerdens zu den selbstverständlichen Alltagsritualen gehört.

Und schließlich: Wer würde nicht ein Haus zu schätzen wissen, das ihm im Bedarfsfall als Dauergast jenes Maß an Abgeschiedenheit offerieren könnte, das er sich für einen von ihm selbst vorgegebenen Zeitraum wünscht? Das Hotel und Restaurant Louis C. Jacob verfügt über zwei abgeschlossene, auch von außen zugängliche Suiten mit Wohnungscharakter in einem historisch äußerst anregenden Teil des Anwesens: Die alte Remise am Ende des Bauensembles unmittelbar neben dem

Der Festsaal ist durch eine mobile Trennwand in zwei kleine Festsäle teilbar.

Pastorat wurde ihrem Neuen Zweck entsprechend umgestaltet. So ist denn auch dies ein Stück Jacobschen Wohnerlebens: Stille genießen unter rustikalen Balken mit weißlackierten Deckenbrettern, entspannend ausruhen auf einer Bank im Hof, im kühlenden Schatten eines Apfelbaums sich der alten Mauern erfreuen, in denen die zu einer Wagenremise gehörenden Metallsprossenfenster originalgetreu erhalten sind – abgeschirmt vom übrigen Hotelbetrieb, und doch teilhabend an allen Serviceleistungen, die das Jacob zu bieten hat. Tanja Schmittner hat schon eine sehr lebendige Vision, wer hier vielleicht in naher Zukunft sitzen könnte:

»Ein würdiger Herr, den Bowler neben sich abgelegt, die ›London Times‹ lesend. Vielleicht«, fügt sie lachend hinzu, »ein hochrangiger Jurist, ein ›Nachbar‹ vom Internationalen Seegerichtshof!«

»Verpflichtung für das historische Erbe«

1791 hatte Daniel Louis Jacob das Haus 401 an der Elbchaussee erworben, um die alte Zuckerbäckerei als gastronomischen Betrieb fortzuführen.

Genau 200 Jahre später erwarb meine Familie das in verschiedenen Etappen erweiterte und nicht immer zu seinem Vorteil veränderte Haus, um ihm auf der Basis eines privat geführten Hotels und Restaurants eine neue Zukunft zu geben. Der alte Jacob hatte für das damals noch bescheidene Anwesen 3000 Goldtaler bezahlt.

So billig war das Jacob 1991 nicht mehr zu haben. Aber es war mir von Anfang an klar, daß sich die Investitionen für den Kauf und die aufwendige denkmalschutzgerechte Restaurierung und die milieugerechte Erweiterung des Hauses weit oberhalb der Grenze bewegen würden, die eine kurzfristige Amortisation auch nur annähernd wahrscheinlich macht.

Das kaufmännische Risiko, das man mit einer solchen selbstgestellten Aufgabe zwangsläufig eingehen muß, war mir und meiner Familie durchaus bewußt. Was ich zugegebenermaßen falsch eingeschätzt hatte, das war die Schwierigkeit, in der Bevölkerung Akzeptanz für die baulich und architektonisch notwendigen Maßnahmen zu finden.

Am Ende haben wir geschafft, was wir uns vorgenommen hatten. Aber die Auseinandersetzungen haben uns über einen längeren Zeitraum Kräfte abverlangt und Energien verzehrt, die sinnvoll eingesetzt besseres hätten bewirken können! Es ist uns gegen viele Widerstände gelungen, unsere Pläne zu realisieren, das Haus von Grund auf zu sanieren und mit dem Holthusen und dem alten Landhaus Dill, das heute »Kleines Jacob« heißt, baulich und wirtschaftlich zusammenzufügen und in ein größeres Ensemble einzubinden. Dies verdanken wir nicht zuletzt auch vielen (insbesondere Nienstedtenern), die sich nicht von den Gegnern des Projekts zu unsinnigen Aktionen haben verleiten lassen, und die uns bei unseren Bemühungen durchaus kritisch, aber positiv mit mancherlei wertvollen Anregungen begleitet haben.

Dafür möchte ich auch im Namen meiner Frau Wera und meiner Tochter Tanja herzlich danken!

Unsere Familie versteht die Unterstützung als Auftrag, das historische Erbe behutsam und verantwortungsvoll zusammen mit unseren hochmotivierten Mitarbeiterinnen und Mitarbeitern in das neue Jahrtausend zu führen. Wir sind fest davon überzeugt, daß wir dem Hotel und Restaurant Louis C. Jacob eine neue Zukunftschance gegeben haben, von der auch der Standort Nienstedten profitiert. An der Elbchaussee sind 120 Arbeitsplätze neu entstanden, davon auch 20 Stellen für Auszubildende. Gerade dieses ist eine Aufgabe, der sich ein Unternehmer unserer Zeit mehr denn je stellen muß.

Wir glauben, daß Nienstedten durch den in naher Zukunft entstehenden Internationalen Seegerichtshof und durch das neue Louis C. Jacob mit seiner legendären alten Lindenterrasse erheblich an Profil und Anziehungskraft gewonnen hat und weiterhin gewinnen wird.

Horst Rahe

Verwendete Literatur

Böttiger, Theodor, Kulinarische Streifzüge durch Hamburg. 47 Restaurants und 90 Rezepte ihrer Spezialitäten, Zürich und Stuttgart 1966

Bolland, Jürgen, Hamburger Gästehäuser in alter und neuer Zeit, Hamburg 1872

Cords, Herbert, Restaurant Louis C. Jacob 1791–1991. In: Der Heimatbote, Mai 1991

Ehrenberg, Richard, Aus der Vorzeit von Blankenese, und den benachbarten Ortschaften Wedel, Dockenhuden, Nienstedten und Hamburg, Hamburg 1897

Freitag, Hans-Günther/Engels, Hans-Werner, Altona, Hamburgs schöne Schwester. Geschichte und Geschichten, Hamburg 1991

Garvens, Erwin, Der fröhliche Jungfernstieg. 3. Auflage, Hamburg 1962

Geissler, Robert, Hamburg. Ein Führer durch die Stadt und ihre Umgebungen, Leipzig 1861, Reprint 1975

Halbrock, Rosmarie, Nienstedten, Hamburg 1994

Hintze, Otto, Jacob an der Elbchaussee in: Norddeutsche Nachrichten, 25. April 1950 (Commerzbibliothek)

Hirschfeld, Christian Cay Lorenz, Theorie der Gartenkunst, Leipzig 1779. Reprint von 1973

Hoffmann, Paul Th., Die Elbchaussee. Ihre Landsitze, Menschen und Schicksale, 5. Auflage, Hamburg 1958

Howoldt, Jenns E./Baur, Andreas, Max Liebermann in Hamburg. Landschaften zwischen Alster und Elbe 1890–1910, Hamburg 1994

Kirsten, Gustav Allerlei Interessantes aus Blankenese, Blankenese 1924

Köhnke, Markus Christian, Erinnerungen aus meinem Leben nebst Bemerkungen über mancherlei Gegenstände, Altona 1839

Krünitz, Johann Georg, Oekonomisch-technologische Encyklopädie, Berlin 1785

Kunz, Wolfgang/Zehle, Sibylle, Die Elbchaussee, Hamburg 1985

Lachmund, Fritz, Das alte Blankenese Hamburg 1968

Lachmund, Fritz, Von Mottenburg nach Blankenese, Hamburg 1979

von Lehe/Ramm/Kausche, Heimatchronik der Freien und Hansestadt Hamburg, 2. Auflage, Köln 1967

Leip, Hans, Altona – Die Stadt der Parks an der Elbe, Altona 1928

Lüth, Erich, Die Geschichte vom Weinrestaurant Daniel Louis Jacob, Hgg. Jürgen Parbs Hamburg 1966

Lüth, Erich, Daniel Louis Jacob und seine Nachbarn. Die Geschichte eines Weinrestaurants. Herausgegeben zur Wiedereröffnung des Weinhauses Jacob im 180. Jahr seines Bestehens, von Armin Gustav, Hamburg 1971

Marut-Schröter, Katharina/Schröter, Jan, Die Elbvororte. Nienstedten, Flottbek, Othmarschen, Övelgönne im Wandel II, Hamburg 1993

Meyer, Friedrich Johann Lorenz, Darstellungen aus Norddeutschland, Hamburg 1816

Nevermann, Friedrich Theodor, Hamburgischer Garten-Almanach, Hamburg 1796

Pini, Udo, Zu Gast im alten Hamburg München 1987

Steiner, Agnes, Hamburger Landsitze und Landschaften aus alter und neuer Zeit, Hamburg 1900

Voight, J. F., Geschichtliches über die Gärten in Hamburg, Hamburg 1870

Zeitungen, Zeitschriften und Kataloge

Deutsche Hotelnachrichten, 56. Jahrgang, Hamburg, März 1956

Hamburg und Altona, Eine Zeitschrift zur Geschichte der Zeit, der Sitten und des Geschmacks, Hamburg 1802 und 1805

Hamburger Morgenpost, 20. Juni 1950, (»Bummel durch Hamburger Gastronomien«)

Hamburger Fremdenblatt, 6. April 1926

Heimatbote, Der, Hamburg, Mai 1991

Louis C. Jacob, Restaurant und Hotel an der Elbchaussee, Altonaer Museum, Hamburg 1995

Rainvilles Fest, Ein französischer Lustgarten im dänischen Altona, Hgg. von Bärbel Hedinger, Altonaer Museum, Hamburg 1994